십 대로
사는 거
진~짜
힘들거든요?

고민이 많아서 하루하루가 답답한 **십 대를 위한 치유의 심리학**

십 대로
사는 거
진 ~ 짜
힘들거든요?

강선영 지음

팜파스

이 책은 독자 여러분과 비슷한 고민을 가진 청소년들의 고민 사례와 전문가의 조언, 그리고 실제 마음치유를 위해 따라할 수 있는 방법이 각 챕터마다 기록되어 있어요. 자세히 읽은 후, 자기 마음의 평안을 위하여 문학치료나 미술치료 기법을 그대로 따라해보세요. 큰 도움이 될 거라 믿어요.

내 모습, 이래도 될까?

이 고민은 모든 청소년들이 갖는 자기질문이지요. 이 책을 읽어가는 동안 자신의 고민과 비슷하거나 일치하는 고민이 있나 찾아보세요. 그리고 이어서 나오는 조언의 글을 자세히 읽어보세요.

친구들은 자신의 모습을 좋아하나요? 아니면 싫어하나요? 이 세상의 청소년 중에 자기 자신의 모습을 좋아하고 인정하는 청소년이 몇 명이나 될까요? 나도 그 나이 때 그랬어요. 내 모습이 너무 못마땅하고 싫었고, 자신감 없고 주눅 든 모습이었어요.

이 책은 인생을 살아가면서 두고두고 기억에 남을 중요한 안내 지침이 되어줄 거라 믿어요. 아래의 질문들이 공감된다면 더욱 자세히 살펴보길 바라요.

'나는 왜 이렇게 생겼을까?'

'나는 왜 텔레비전 속의 연예인처럼 예쁘지 않을까?'

'나는 왜 성격이 이럴까?'

'활달하고 재미있는 저 애처럼 되면 얼마나 좋을까?'

'나는 왜 똑 부러지게 말을 못하지?'

'왜 이런 부모님이 내 부모님일까?'

'나는 왜 공부를 못할까?'

'나는 왜 꿈이 없지?'

'나는 왜 잘하는 게 없을까?'

'나는 사랑받을 수 없는 아이인 걸까?'

이런 고민거리와 함께 더 근원적인 질문이 생기기도 해요. 청소년 시기는 자아정체성을 찾는 시기이기 때문에 청소년들이라면 누구나 이런 질문을 던지며 고뇌에 빠질 수 있어요.

'나는 누구인가?'

'나는 왜 이렇게 힘들지?'

'나는 어디로 떠내려가고 있지?'

'왜 공부는 해야 하지?'

'내 미래는 어떻게 될까?'

'나는 잘 살아갈 수 있을까?'

이런 막연하고 추상적인 질문들을 많이 던지고 답을 찾아갈수록 훌륭한 사람이 될 수 있어요. 선생님이나 엄마 아빠 같은 어른들이 훌륭한 멘토가 되어주신다면 좀 더 길을 쉽게 찾을 수도 있을 거고요. 자라는 과정에서 누구나 아픈 성장통이 있다는 사실을 아는 것만으로도 힘이 될 거예요. 그래서 나만 아픈 것이 아니라 다른 애들도 똑같은 아픔과 고민이 있다는 사실을 아는 것이 필요하답니다.

청소년 시기는 어떤 꿈이든 꿀 수 있는 축복받은 시기예요. 그래서 뭐든 될 수 있고 할 수 있는 출발점에 서 있지요. 불가능한 건 없어요. 너무 시간이 느리게 가고 교실 안에 갇힌 답답한 시간이라 생각되겠지만, 생각보다 그 시간은 빠르게 지나간답니다. 이제 막 땅을 뚫고 올라온 여린 꽃나무와 같은 시기여서 온갖 불안을 가슴에 끌어안고 매 순간을 살아가는 느낌이 들 수도 있지만 이 시기는 축복의 시기라는 걸 꼭 기억하길 바라요.

지금 많이 힘들고 피곤하고 불안한가요?

수없이 들었겠지만, 아픔을 겪고 있는 사춘기 시기는 인생에 있어서 가장 중요한 시기예요. 그래서 고통도 많은 거예요. 이 시기에 어떤 생각을 하고 어떻게 행동하느냐에 따라 자신의 인생의 길은 다르게 펼쳐질 거예요. 때문에 수많은 생각이 고통스럽게 머릿속에 얽혀 있을 수도 있어요. 그렇지만 한 번도 가지 않은 낯설고 두려운 세상과 부딪혀 나가야 하는데 어떻게 불안이 없을 수 있겠어요. 이해하고 또 이해해요. 지금 얼마나 힘들고 피곤하고 불안할지 이해해요.

지금 처해 있는 환경이 다른 애들보다 더 척박하고 힘든 환경일 수도 있겠지요. 더 좋은 환경에서 태어난 이들을 부러워할 수도 있어요. 태어나 맞이하는 환경은 누구도 자신이 선택할 수는 없는 거니까 억울할 수도 있을 거예요.

사람은 누구나 그래요. 지금의 내 처지가 힘들어지면 태어난 환경과 부모님을 원망하게 되어 있어요. '하필이면 이런 집안환경에서 태어났을까. 내 친구 부모님처럼 돈도 많고 훌륭한 부모님을 가졌더라면 훨씬 덜 힘들었을 텐데'라고 생각할 수 있어요. 그럼에도 불구하고 기쁘고 행복하게 자신의 길을 가야 해요. 그럴 수 있어요.

향기로운 꽃은 더 척박한 땅에서 핀다는 말도 있어요. 시련과 고통이 더 향기 나는 삶으로 만들어준다는 사실을 말해주고 싶어요. 그건 훌륭한 위인들의 전기를 보면 잘 알 수 있지요. 그분들은 하나같이 시련과 고난을 극복한 분들이지요. 그러나 이런 얘기는 힘든 지금 이 순간에는 잔소리로만 들릴 수 있을 거예요. 그래서 먼저 인생을 살았으며 청소년기를 힘들게 보냈던 저자가 직접 말해주고 싶었어요.

현재와 미래에 대한 불안과 싸우느라 너무 에너지를 많이 써버리면 향기로운 꽃과 열매가 맺기도 전에 시들어버릴 가능성이 높아지겠지요. 불안을 너무 많이 느끼면 집중력이 떨어지고 산만해져서 공부를 하는 데 심각한 방해가 되어요. 무엇보다 자기 자신에 대한 잘못된 인식은 자꾸 자존감과 자신감을 떨어뜨리고 자신에게 있는 재능을 알아차리지 못하게 하지요. 그리고 자꾸만 비교하는 마음을 키워서 더욱 자신감 없는 모습을 만들게 해요.

한편으론, 부모님이 변하고 달라지면 자신이 더 나아질 것 같은 생각도 자꾸 들 거예요. 그런데 부모님은 어른이잖아요. 어른은 변화되기가 참 어려워요. 어떤 습관은 바꾸기가 참 어렵다는 건 알지요? 어른이 되면 더 변하는 게 힘들어져요. 지금까지 살아온 삶의 방식이 견고한 습관으로 마음에 고정되기 때문에 더욱 그렇답니다. 그런데 항상 '부모님이 바뀌면 자신이 지금보다 나아질 텐데'라고 생각하는 건 자꾸만 실망과 절망을 쌓게 하니까 그런 생각을 이제는 멈춰야 해요.

나약하다고 생각하지 말아요

자꾸 불안하고 힘겨우면 울어도 괜찮아요. 우는 것이 나약한 모습이라고 생각하면 안 돼요. 여자든 남자든 눈물을 흘리는 건 자신의 감정에 솔직하고 정직한 모습입니다. 어쩌면 엄마나 아빠가 어느 날 울고 있는데 "그렇게 나약해서 세상을 어떻게 살려고 하니!"라고 핀잔을 준 적이 있어서 '그래. 나는 너무 나약해'라고 생각하게 되었을 테죠.

저자는 마음이 아픈 아이들을 수없이 만나 심리치료를 하면서 알게 되었어요. 눈물을 흘리지 못하면 심리적인 큰 질병이 된다는 사실을 말이죠. 눈물은 치유약이 되기도 하고, 사람을 자라게 하는 영양분도 된다는 사실을 기억하길 바라요. 울지 않고 아픈 시간을 견디면 마음에 단단한 응어리가 생기고 장애가 와서 아무것도 하고 싶지 않을 만큼 무기력한 증상이 생길 수도 있어요.

현재 서 있는 청소년 시기는 사춘기의 아픔을 느끼게 만들며, 매일 새로운 세상을 불안하게 보고 느끼게 만들 거예요. 혼자 있는 것 같은 외로움도 생길 거예요. 부모님과 선생님들은 계속 공부, 공부, 공부하라는 말로 밀어붙이고, 아직 뭐가 되고 싶은지 꿈이 생기지도 않았는데 뭔가를 해야 한다는 강박증만 더해가는 청소년도 많아요.

모든 어른들, 엄마, 아빠, 학교 선생님들 모두 다 청소년 시기를 머물렀다 지나간 사람들이에요. 누구나 청소년기의 혼란과 불안을 경험하며 나이를 먹게 되지요. 그분들은 어떻게 그 시간을 견디고 나왔을까 궁금하지 않나요?

이 시기는 나 혼자만 그런 게 아니라 대부분의 친구들이 비슷한 고민거리에 힘들어하지요. 너무 고민을 많이 하고 우울해하면 학습 능력이 떨어지고 공부를 못하게 돼요. 지능이 높아도 소용없어요. 공부를 잘 할 수 있기 위해서는 지능보다는 집중력이 중요해요. 공부를 못하게 되면 고민이 더 많아지기도 하는데, 다른 사람의 칭찬

과 인정을 많이 받고 싶어 하는 사람일수록 자책감을 많이 느끼게
되고, 파릇파릇해야 할 청소년 시기 동안 푸르죽죽하게 생기가 없
는 모습이 되고 말 거예요.

　자, 이제 새롭게 일어서야겠지요? 격려해줄게요. 힘을 내서 마
음탐색을 하면서 자신의 길을 찾아보고, 마음의 문제를 해결해서
행복한 꿈을 이루기 위한 첫 발걸음을 내딛어 봐요. 이렇게 스스로
에게 말해주면서 말이죠.

"나는 나로서 괜찮아!"

✖ CONTENTS

PART

1

나도
이런 내가 답답해

자아&오1모

불안하기만 한 내 모습,
이래도 될까?

희윤의 이야기

생각해보면, 어릴 때부터 뭔가 초조하고 불안했던 것 같아요. 왜 불안했는지

는 잘 모르겠어요. 저도 모르게 손톱을 물어뜯어서 손톱이 너무 보기 싫어졌어

요. 다리도 덜덜 떨고 뭔가 산만해서 엄마 아빠한테도 야단을 많이 맞았어

요. 저도 좀 차분해져서 공부에 집중하고 싶은데 잘 안 돼요. 이제 고등학생이

됐는데 학교에서도, 집에서도 수능 잘 봐야 좋은 대학 간다고 열심히 공부하

라는데 항상 초조해서 힘들어요. 이런 제가 싫지만 고쳐지지가 않아요.

_ 희윤, 고등학교 1학년

불안한 나의 모습

사람의 인생에서 아주 심한 심리적 역동기인 사춘기가 오면 누구나 겪게 되는 어려움이 있어요. 이 시기가 되면 누구나 어린아이일 때의 생각과 감정에서 벗어나 어른이 되기 위한 준비에 돌입하게 되지요. 어떤 사람은 조금은 쉽게 이 시기를 넘어가기도 하지만 대부분은 심한 불안감과 긴장 속에서 매일 힘들어하면서 지나가게 되는 시기랍니다.

희윤이는 불안할 때마다 손톱을 물어뜯었네요. 불안하면 나타나는 증상은 사람마다 달라요. 어떤 사람은 손톱을 물어뜯고, 어떤 사람은 다리를 덜덜 떨고, 또 어떤 사람은 자기도 모르게 고개를 자꾸 흔들기도 하고요. 그래서 자신의 불안한 마음을 다른 사람에게 들키게 되고, 그렇게 되면 창피하니까 자꾸 더 불안한 생각에 사로잡히게 되지요.

자신이 산만하고 집중이 잘 안 되는 상태라는 걸 스스로 인지하고 있다는 건 아주 중요해요. 대부분 자신의 상태를 잘 모르기 때문에 고쳐지지도 않거든요.

불안해도 괜찮아

그런데 여기에서 가장 중요한 문제는 "나는 절대로 불안해서는 안 돼", "나는 손톱을 물어뜯고 초조해하니까 큰일이야"라고 단정지어 생각하는 것이에요. 자기 자신을 나쁜 쪽으로 규정짓는 건 불안을 더 키우는 요인이 되니까 우선 이런 생각부터 멈추는 게 좋겠지요. 오히려 이렇게 생각해봐요.

"나는 사춘기에 접어들었고 모든 게 불확실하기 때문에 불안한 게 당연해."

"불안할 수 있어."

"불안해하는 것을 인정하고 불안한 생각들을 하나씩 정리해보자."

그리고 엄마 아빠께도 용기를 내어 이렇게 말해보세요.

"저는 사춘기이고 뭔가 자꾸 불안해지는 시기래요. 그러니 야단치지 말고 저를 좀 받아주고 기다려주세요. 야단치시니까 더 불안해지고 더 집중도 안 되는 것 같아요."

자꾸 야단맞고 스스로를 이상하게 생각하면 우울해지는데 이런 상태가 오래되면 아주 심한 우울증이 되기도 해요. 아직 자신의 정체성이 분명하게 형성되지 않아서 자신감도 많이 없는 상태인데 자꾸 자신을 비하하는 감정에 빠지면 우울증이나 불안증이 생기기도 하고, 심한 경우에는 친구들도 만나고 싶지 않거나 학교에 가는 것도 힘들어하게 돼요. 그런 상태까지 자신이 가지 않도록 지금 현재 자신을 수용하고 받아주는 것은 무엇보다 중요하답니다.

불안을 이겨내면 성숙해지지

역설적이게도, 어쩌면 불안을 느끼지 못하고 이 시기를 공부에만 빠져서 지내는 아이들보다 희윤이처럼 불안을 많이 느끼면서 이 시기를 지나가는 것이 더 빨리 성숙해지는 기회가 되기도 해요. 공부만 생각하고 점수만 신경 쓰며 사는 친구라 해도 불안이 전혀 없는 상태라고 볼 수는 없어요. 느끼지 못하는 사이에 점점 더 불안이 눈덩이처럼 부풀어서 대학생이 된 이후나 성인이 된 이후에 '뻥' 하고 터져버릴 수도 있거든요.

그래서 불안한 감정은 느끼지 않으려고 애써 눌러놓고 외면하는 것보다는, 조금씩 불안한 감정을 들여다보면서 원인과 이유를 찾고 해결해나가는 노력이 필요한 거예요. 너무 조급하게 불안을 없애야겠다는 생각도 금물이에요. 조급하면 불안은 긴장과 함께 더 올라오거든요.

희윤이는 힘든 시기를 보내고 있는 게 분명해요. 그러나 이 시기는 지나갈 거예요. 이 시기의 불안을 거름으로 삼고 성장해나가길 바라요. 자책이나 자학은 절대 금물이에요. 그리고 부모님이나 형제들, 친구들이 불안감을 주는 말을 할 때 참고 있지 말고 "그 말은 불안하니하지 말아주세요"라고 분명히 말해야 해요. 말하지 않으면 누구도 희윤이의 마음속 깊은 감정을 모르니까요. 그들의 말이 희윤이에게 상처를 주고 있는지도 그들은 모른답니다.

내 감정을 분명히 전달하는 것이 불안을 줄이는 지름길이에요. 혹시 학교에서 여러 명의 학생들 앞에서 선생님이 핀잔을 주었다면, 그 자리에서 선생님에게 무슨 말을 하긴 어렵지요? 그럴 땐 집에 와서 엄마께 말해보세요. 학교에서 이런 일이 있었는데 너무 힘들었고 마음이 아팠다고 표현해보세요. 그러면 신기하게도 아까까지의 불안이 점점 희석이 되면서 희미해져가는 걸 느끼게 될 거예요. 이건 불안을 불러일으켰던 아까의 상처가 치유되고 있다는 증거예요.

그때그때 해결해보기

특별히 희윤이의 성격이 매우 예민하고 감성적이라면 작은 상처에도 깊이 베일 거예요. 그리고 그 상처가 아무는 데는 시간이 많이 걸릴 수도 있어요. 아직 다 낫지 않은 상처가 남았는데 또다시 새로운 상처가 생기면 어떨까요? 너무 아프고 힘들어서 모든 걸 놔버리고 싶어질지도 몰라요. 그러면 안 되잖아요. 누구든 매일 크고 작은 상처를 받으면서 살고 있지만 이 상처를 그냥 방치하면, 불안이 되어서 해야 할 일도 못하게 만들어요. 그래서 매일 자신의 마음과 감정을 점검하고 그때그때 해결하는 게 중요해요.

매일 일기를 써봐요. 오늘 받은 상처를 기록해보고 자신의 감정을 표현하는 일기를 쓰다 보면 매일 비슷한 패턴의 상처를 받고 있다는 사실을 알게 될 수도 있어요. 그리고 그 비슷한 상처들을 매일 새롭게 느끼며 아픔이 계속 커져간다는 사실도 알 수 있어요. 자신이 지금 어떤 상처를 매일 받고 어떤 감정에 시달리는지 알아야 해결할 수도 있어요. 무엇보다도 중요한 것은 자신이 상처받아 생긴 감정을 어떻게 해결하냐는 거예요. 불안한 감정은 조금씩, 아주 조금씩 해결해나가면 돼요. 한 번에 되지 않는다고 걱정하지 말아요.

마음속에 쌓여 있는 불안한 감정을 계속 인식하고 해결하기 위해 노력해가야 해요. 꼭 괜찮아질 거예요.

그냥 자꾸 짜증 나고,
눈물 나고, 우울해

진우의 이야기

전 어렸을 때부터 항상 혼자였던 기억밖에 없어요. 부모님은 두 분 다 항상 바빴어요. 네 살 많은 형은 저랑 놀아주지 않았고, 친구들하고만 놀고 돌아다녔어요. 저는 항상 외톨이였어요. 학교 갔다 와서 혼자 밥 먹을 때도 많았어요. 물론, 부모님이 일부러 그런 게 아니라는 건 알아요. 그래서 원망도 안 해요. 가끔 너무 외롭다고 생각될 때는 눈물이 날 때도 있어요. 남자가 나약하게 운다고 생각하면 더 짜증이 나요. 아침에 잠깐씩 엄마랑 마주치면 짜증만 내요. 왜 그런지 모르겠어요. 다 싫고 다 밉고,,,, 제 마음을 잘 모르겠어요. 왜 자꾸 엄마한테 짜증이 나는지도 모르겠어요.

_ 진우, 중학교 3학년

우선 마음을 털어내봐요

진우는 지금 우울증을 앓고 있는 것 같아요. 우울증 상태에서는 항상 슬프고 외롭고 부정적인 생각이 머릿속을 가득 채우게 되지요. 무기력해지고 꿈도 없어지고 미래도 희망도 하나도 남아 있지 않는 느낌이 강하게 들 거예요.

우울증이란 놈은 예기치 않게 우리들의 삶에 깊숙이 침투하게 돼요. 아무도 환영해주지 않지만 어느새 마음속 깊이 자리 잡고 우리를 막 흔들어놓고 힘들게 하고 무기력하고 슬프게 만들어요. 그래서 마음이 힘들 때마다 털어내지 않고 쌓고 또 쌓으면 자기도 모르는 사이 우울증이 악성 종양처럼 자라게 되는 거죠.

마음을 털어내봐요. 아무에게도 말하지 못하고 쌓아놓고 눌러놓으면 병이 돼요. 아무도 자신의 이야기를 들어줄 사람이 없다면 거울을 앞에 놓고 거울 속의 나와 얘기해봐요. 거울 속에 비친 내 모습이 낯설게 느껴져도 괜찮아요. 우울한 기분에 빠지면 거울도 안 보게 되잖아요. 그래서 가끔 거울을 보게 되면 나 같지 않고 낯설게 느껴지게 되지요.

자꾸 짜증 나고 눈물도 나고 우울하다고 했지요?

자, 짜증 나는 이유에 대해 이야기해 볼까요? 짜증은 기분 좋은 상태의 정반대 기분이에요. 왜 기분이 좋지 않을까요? 대부분의 사람들은 기분 좋은 상태와 기분 나쁜 상태를 어느 정도 반복해서 살고 있어요. 항상 기분 좋은 일만 있는 건 아니니까요.

문제는 기분 나쁠 만한 일이 없는데도 짜증 나는 상태가 계속된다면 꼭 마음을 깊이 들여다봐야 해요. 더 큰 문제는 기분 좋은 일이 생겨도 기분이 좋아지지 않고 계속 감정이 가라앉아 있고 무기력한 상태로 있게 되는 경우인데, 이런 문제가 생기면 정상적이지 않은 상태라는 것을 꼭 인식해야 해요.

진우처럼 혼자 있는 시간이 많고 가족과 함께 행복하고 사랑받는 느낌을 받는 시간이 없어서 외롭다는 감정이 많이 생기면 외로움이 슬픔과 분노를 자꾸 만들게 돼요. 외로움은 때때로 두려움의 감정도 만들고 불안에 떨게 만들기도 해요. 그래서 자꾸만 더욱더 소심해지는 것 같고 나 혼자만 무인도에서 외롭게 사는 것 같은 기분을 느끼게 만들어요.

외롭다고 말하지 않으면 더 외롭게 된답니다. 외로움이 자꾸 커지면 나중에는 외롭다는 말을 하는 것조차 수치스럽고 짜증 나는 감정을 불러일으켜요. 그런 말을 하는 자신이 못났다고 느끼게 되기 때문에 더 말하기 힘들어요. 특히 남자아이들은 더 심해요. 우리 사회에서는 "남자는 울지 말아야 하고 감정을 표현하면 남자답지 않다"는 인식이 강해요. 그래서 진우처럼 남자들은 청소년 시기부터 더 과묵해지고 친구들 사이에서도 감정 표현 같은 건 서로 안 하게 되지요.

우리 사회 문화가 좀 바뀌었으면 좋겠어요. 남자들도 서로의 감정을 소통하고 나누는 문화로 말이죠. 외로운 감정을 자꾸 참으니까 이 감정을 어느새 못 느끼게 되고 짜증스러운 감정만 남게 되는 거죠. 특히 가장 만만하고 친근하고 가까운 존재가 엄마인데, 엄마가 나를 외롭게 만들었다는 무의식적인 반등 때문에 엄마에게 자꾸 짜증이 나는 거예요. 속마음은 짜증을 내고 싶지 않아도, 자신의 마음을 정확하게 모르니까 표현을 못하게 되면서 짜증은 점점 강도가 세지게 돼요. 그럼 진우의 속마음은 뭘까요?

"엄마, 나 외로워요. 나를 외롭게 두지 마세요."

"엄마, 나를 좀 봐줘요. 엄마는 너무 엄마 일에만 빠져 있어요."

"난 엄마 자식이고 아직은 돌봄을 받아야 하잖아요. 너무 방치돼 있어요."

"엄마의 사랑을 더 받고 싶고, 엄마가 좀 더 세심하게 보살펴주셨으면 좋겠어요."

표현하지 않으면 내 마음속을 전달하기가 어렵잖아요. 표현은 하지 않고 짜증만 내면 더 문제가 생기지요. 짜증을 내는 아들을 보며 엄마도 점점 짜증스러운 기분에 휩싸일 거예요. 그리고 아들이 진정으로 원하는 걸 알지 못한 채 짜증 내는 아들이 지겨워지고 힘겹게 느껴질 수도 있어요. 이렇게 되면 아들과 엄마 사이에는 커다란 벽이 세워져요. 부모와 자식 사이에 벽이 세워지는 것만큼 슬픈 일은 없어요.

혹시 아빠와 마음을 나눌 수 있고 속을 터놓을 수 있다면 엄마와 벽이 있어도 숨구멍은 좀 트이겠죠. 아빠와 잘 지내는 아들은 우울증이 잘 생기지 않아요. 그런데 대부분의 아빠들은 엄마들보다 더 바쁘고 더 대화하기도 힘들어요. 더구나 일에 지친 아빠가 집에 와서 방문을 닫고 쉬고 싶어 하면 아들은 더 다가가기 힘들어지지요.

우선 엄마에게 다가가봐요. 엄마의 모성애는 언제나 치유적이고 넘치는 사랑을 담고 있으니까요. 아마도 진우는 엄마에게 먼저 다가가지 못했을 거예요. 엄마가 너무 피곤해 보였거나 너무 바빠 보였거나 진우의 표현이 서툴렀거나. 여러 가지 다가가지 못하는 이유가 있어요.

엄마 아빠에게 충분한 사랑과 소통이 부족하다고 느끼면 외로움이 깊어지고 그 외로움은 상처가 되어 우리 마음속 깊은 곳에 자리 잡아요. 그러면 계속해서 짜증이 나고 부모님께도 짜증스러운 모습만 보여주게 돼요. 그러다 점점 더 서로 오해가 쌓이고 속마음은 전혀 알아차리지 못하는 상태가 되지요. 지금까지 아무도 나를 사랑해주거나 인정해주는 사람이 없어서 외롭다고 느꼈다면 이제부터 이렇게 거울 속의 나를 보고 말해봐요.

"아니야! 나에게는 나를 사랑하고 지지해주는 부모님이 계셔."

눈물이 나고 우울한 이유는 뭘까요?

깊은 외로움이 상처가 되고, 그래서 병적인 외로움이 점점 커지고 짜증도 자꾸 나는 상태가 되면 자신감이 사라지고 자신이 쓸모없는 존재 같은 느낌이 커지게 돼요. '내가 왜 세상에 태어났을까'라는 생각도 커지고, 죽고 싶은 생각도 들게 되지요.

마음의 응어리를 풀어주는 시간을 조금도 갖지 못한 채 지금까지 살았다면 정말 답답하고 우울한 상태가 되는 건 어쩌면 당연한 결과라고 할 수 있어요. 우울한 상태에서는 자꾸 자신의 모든 면이 부정적으로 생각되고 희망도 점점 없어지는 느낌이 들게 돼요. 그러다 보니 눈물도 자꾸 흐르고 더 나약한 자신을 보며 싫어지고, 더 우울한 상태가 되면 눈물도 못 흘려요. 감정을 닫고 마음을 닫아버리기 때문에 더 심한 우울증 상태가 돼버려요.

가끔 뉴스에 자살한 청소년 이야기가 나오잖아요. 너무 가슴 아파요. 그 친구들도 처음엔 약한 우울증으로 매일 눈물을 흘렸을 거라 생각해요. 그러나 마음이 단단하게 막힐 정도로 감정을 차단해서 더 이상 울지 못할 정도로 심각하게 커다란 벽을 만들어 세상과 사람들로부터 자신을 차단해버렸을 거예요.

눈물은 마음의 상처를 씻어주는 치료약이에요. 그래서 남자든 여자든 울고 싶을 땐 울어야 해요. 먹먹하고 슬프고 우울한데도 울지 못한다면 큰일이에요. 그래서 우울한 상태가 되면 처음엔 눈물이 자꾸 나게 돼요. 그건 나약해서 흘리는 것이 아니에요. 꼭 기억해요. 우울한 마음을 스스로 치유하려는 자연스러운 현상이 바로 '눈물'이라는 사실을.

　무엇보다 자기 마음을 털어놓는 게 너무 중요해요. 쌓아놓은 것들은 풀어내야 해요. 이 챕터의 끝 부분에 있는 자가치료를 위한 방법을 자세히 보고 그대로 따라해봐요. 먼저 혼자 풀어내는 연습을 해요. 그래야 엄마에게도 아빠에게도 털어놓기가 좋을 거예요. 햇빛도 들지 않는 컴컴한 방안에서 나와야 해요. 털어내지 않고 열지 않으면 마음속에는 어두움이 점점 더 쌓여서 아주 캄캄해지는 순간이 오고 말아요. 누구라도 예외는 없어요.

　특히 진우만 한 나이 때 쌓아두기만 하면, 그것이 평생 습관이 되고 평생 우울한 기분에 쌓여 살 수도 있으니 감정을 차단하지 말고 벽을 세우지도 말고 흘려보내도록 해요. 그래야 마음의 창에 햇살이 들고 따뜻한 피가 돌아요. 꼭 기억하길 바라요.

난 왜 이렇게 못생겼을까?
빨리 성형하고 싶어

언니는 예쁜데 저는 왜 이렇게 예쁘지 않은지 모르겠어요. 저는 아빠 닮아서

눈도 작고 얼굴도 넙데데해서 정말 짜증 나요. 빨리 고등학교 졸업해서 눈이

랑 코랑 다 수술하고 싶어요. 수술하면 좀 자신감이 생길 것 같아요. 텔레비

전에 나오는 연예인들 보면 다 예쁘고 날씬해서 정말 부러워요. 자꾸 비교되

고 너무 못생겼다는 생각이 들어서 우울해요.

_ 보라, 고등학교 2학년

난 언니보다 예쁘지 않아

보라는 자신이 예쁘지 않다고 생각하는군요. 언니와 비교하니까 더 예쁘지 않게 느껴지나 봐요. 혹시 누군가 "넌 안 예뻐"라는 말을 한 적이 있나요? 혹은 예쁘지 않아서 불이익을 당했다고 느낀 적이 많나요? 요즘 청소년들이 외모를 평가하고 못생긴 애들에게 왕따나 은따(은근히 따돌림)를 시키는 경우도 많다고 해요. 정말 문제라고 생각해요.

외모에 대한 불만족은 낮은 자존감 때문에

우선 외모에 대한 괴로움을 줄이려면 자존감을 높이는 게 필요해요. 외모에 대한 콤플렉스는 자존감과 밀접한 관계가 있답니다. 자존감은 자기 자신을 존중하는 마음인데 누가 뭐라 해도 자신을 좋게 여기고 자신감을 잃지 않는 마음을 말해요.

자존심은 자존감과는 다른 말이에요. 자존심이 높으면 사소한 것에도 비교당하는 것 같고 무시당하는 느낌이 강하게 들어서 수시로 짜증이 올라와요. 그러나 자존감이 강하면 자존심을 부리지 않게 되고 다른 사람과 비교하지 않게 되어요. '나는 나다. 세상에 나는 단 하나뿐인 존귀한 존재다'라는 의식은 누구 앞에서나, 어디에서나 당당할 수 있게 해주는 중요한 심리상태가 되지요. 사춘기 무렵에는 자아 정체성을 찾느라 머릿속이 항상 복잡하고 생각도 많아지는 시기이기 때문에 이 시기에 자존감을 높이는 게 무엇보다 중요합니다.

자꾸 자신과 타인을 비교하게 되면

자신이 못생기고 키도 작다고 느낄수록 자신에 대한 불만이 커지고 자신감도 잃게 돼요. 또 자기도 모르게 다른 애들과 비교하게 되고 자기의 안 좋은 모습만 자꾸 찾게 되지요. 이제부터라도 자신의 예쁜 점을 찾아봐요. 텔레비전에 나오는 연예인을 기준으로 삼지 말고 나 자신을 있는 그대로 받아들이고 인정해주세요. 외모에 대한 콤플렉스는 엄마 아빠가 이렇게 이야기해주면 점차 줄어들게 될 거예요.

"우리 보라는 참 예쁘고 사랑스러워. 엄마(아빠)는 우리 딸을 많이 사랑해."

이 이야기는 부모님이 알아서 해주시면 좋지만 대부분의 어른들은 마음속으로 '사랑하는 마음을 다 알겠지'라는 생각을 하고 있어요. 그래서 특별히 사랑한다는 이야기를 잘 하지 않죠.

표현해야 와 닿는 사랑과 존중감

사랑과 존중은 표현해야 와 닿는 거잖아요. 아무리 한 집에 사는 가족이라 하더라도 표현하지 않으면 서로의 마음을 알 수가 없어요. 부모님이 그동안 언니가 더 예쁘다고 말한 적이 있으면 이렇게 말해봐요.

"엄마 아빠는 언니가 더 예쁘다고 말씀하셨어요. 그래서 저 자신이 예쁘지 않아서 사랑받지 못한다고 생각했어요. 이제부터라도 언니는 언니대로, 저는 저대로 존중하고 예뻐해주세요. 다시는 비교하는 말은 하지 마시고요."

불완전한 엄마와 아빠 이해하기

엄마 아빠가 완벽하거나 모든 걸 다 아는 건 아니에요. 좋은 엄마 아빠가 되는 법을 열심히 배우고 결혼하는 어른들은 거의 없어요. 특히 우리나라는 사랑에 대한 표현을 잘 못하는 문화를 가지고 있어요.

가끔 외국인들이 자연스러운 스킨십으로 인사를 나누는 장면을 보면 참 부러워요. 인사법 하나만으로도 서로의 애정이 전달될 수 있는 그들의 문화가 참 좋아 보여요. 그런데 우리나라는 서로 손을 잡거나 가벼운 포옹도 잘 하지 않지요. 뺨을 서로 대거나 하는 인사법은 생각도 못할 일이고요. 각 나라마다 문화가 다르니 우리나라의 문화와 전통적으로 내려오는 예법이 외국과 다르다고 해서 다 나쁘다고 말할 수는 없어요. 하지만 그렇기 때문에 더욱 노력해야 한다고 생각해요.

내가 먼저 다가가기

먼저 엄마 아빠에게 다가가서 가볍게 안아드리거나 "엄마 아빠 사랑해요"라는 말을 해보는 것도 참 좋겠지요. 오랫동안 그렇게 하지 않고 살아서 처음에는 많이 어색하겠지만 자꾸 마음을 표현하면 엄마 아빠도 자연스럽게 배우게 되지요.

그게 너무 어색하다면 말로만 해도 됩니다. 그리고 부모님께 보라가 듣고 싶은 말을 자꾸 해달라고 하세요. 엄마 아빠가 알아서 해주지 않는다고 화만 내고 있으면 결핍된 마음을 가지게 되어 다른 사람과 더욱 더 괴로운 비교를 하게 돼요. 스무 살 이전에 엄마 아빠로부터 충분한 사랑과 존중을 받으면 자존감이 높아져서 외모에 그리 집착하지 않게 되어요. 만약 스무 살이 넘어서도 계속 외모에만 집착하고 있으면 어떻게 되겠어요?

자, 오늘부터 시작해봐요. 엄마 아빠에게 먼저 사랑한다고 말하거나 사랑한다는 말을 해달라고 얘기하는 거예요. 아마 6개월 정도 지나고 나면 보라는 자신이 못생겼다는 생각을 안 하고 있을 거예요.

애들이 나보고
키가 작아서 루저래

저는 요즘 애들에 비해 키가 작아요. 엄마 아빠가 모두 작으신 편인데 유전인

가 봐요. 키가 작다고 놀림받는데 나는 왜 이렇게 작은 키로 태어났나 싶고,

가끔은 죽고 싶을 만큼 괴로워요. 평소에 잘 놀리는 애들이 있는데 걔들이 저보

고 루저래요. 제가 이렇게 태어나고 싶어서 태어난 것도 아닌데 놀림까지 당

하니까 정말 싫어요. 제가 우리반에서 가장 작아요. 엄마는 아직 나이가 있

으니까 더 클 거라고 하시지만 전 틀렸어요. 더 이상 자라지 않을 것 같아요.

_ 형욱, 중학교 2학년

놀리는 아이들은 어떤 아이들일까?

언젠가 키 작은 남자를 루저라고 말했던 사람의 말이 물의를 일으킨 적이 있었어요. 남자는 얼굴이 잘 생겨도 키가 작으면 열등감에 시달리는 경우가 많지요. 이러한 사회적 분위기 때문에 키 작은 남자들은 자신도 모르게 열등감을 키우고 위축되곤 해요.

그런데 제일 나쁜 건 루저라고 놀리는 그 아이들이에요. 루저(loser)라는 뜻은 경멸적 어조를 담은 실패자라는 뜻이고 요즘 흔히 말하는 찌질한 사람이라는 뜻도 담고 있어요. 형욱이 나이에 그런 말은 치명적일 수도 있고 자존감을 왕창 떨어뜨리는 말이기도 해요. 그런데 정확하게 분석해볼 필요가 있어요. 잘 살펴보면 스스로 루저가 아니라는 것도 알게 될 거예요.

우선 형욱이를 놀리는 그 아이들을 정확하게 봐야 해요. 그 아이들은 모든 면에서 완벽한가요? 좋은 아이들인가요? 공부도 잘하고 훌륭한 면을 많이 가진 아이들인가요? 아마 아닐 거예요. 왜냐하면 좋은 아이들이라면 그런 말을 처음부터 하지 않았을 테니까요. 그런 아이들의 말을 듣고 스스로 비하하는 것을 멈추도록 해요.

형욱이를 놀리는 그 아이들은 열등감이 많고 자존감이 낮은 아이들일 거예요. 누군가에게 상처를 주는 것은 모르고 그럴 수도 있어요. 그렇지만 이러한 행동은 상대방을 놀리면서 자신을 높게 보려고 하는 나쁜 동기에서 비롯되는 거지요.

그러니 그 아이들의 말에 신경 쓸 필요가 없겠지요? 그래도 한 번 그런 말을 듣고 나면 계속 떠올리게 되는데, 스스로에게 끊임없이 긍정적인 말을 하다 보면 점점 신경을 쓰지 않게 될 수 있어요.

외모만 가꾸면 될까?

사람은 열등감이 어느 정도씩은 있어요. 그 열등감을 극복하기 위해 더 많이 노력하여 성공한 사람들도 많아요. 그런데 외모만 가꾸고 외모에만 집착하면 미래를 위해 준비하고 노력해야 하는 에너지가 모두 외모 가꾸는 데로 가게 되잖아요. 외모를 가꾸기 위해 노력하는 게 나쁜 건 아니에요. 너무 집착하게 되는 것이 문제지, 적당한 선에서 외모를 가꾸는 것도 자존감을 높이는 데 좋은 작용을 할 거라고 생각해요.

우리나라의 많은 청소년들이 실제로는 평균 체중에 못 미치는데도 자신이 뚱뚱하다고 생각한다는 통계가 있어요. 미의 기준은 시대마다 변화해왔어요. 불과 20년 전, 30년 전에는 통통하고 아담한 여자가 아름답다고 생각했어요. 남자도 지금처럼 꽃미남 스타일이 아니라 남자답고 터프한 이미지를 좋다고 생각했고, 마르고 키 큰 이미지를 선호하게 된 것은 그리 오래된 일은 아니에요.

이건 아마도 텔레비전의 영향이 크고 외국 사람이나 연예인이 미의 기준이 되었기 때문일 거예요. 획일화된 미의 기준으로 소중한 우리 몸을 평가하는 세상이 되었다는 뜻이지요. 많은 청소년이 다이어트를 시도하고 그중 일부는 무분별한 다이어트로 건강을 해치기도 하고, 심하면 거식증 같은 신경성 질환이나 신체변형장애에 걸리는데 이런 병은 죽음에까지 이르게 하는 아주 심각한 질병이랍니다.

왜곡된 미의 기준

외모지상주의는 성형과 다이어트 열풍을 낳기도 하지만, 더 심각한 문제는 얼굴이 못생기거나 키가 작거나 뚱뚱한 사람은 무시해도 된다는 풍조를 만들고 있다는 점이에요. 수년 전부터 몸짱 열풍이 불면서 이러한 풍조는 더욱 심해지고 있어요.

몸매와 다이어트에 대한 그릇된 인식과 지나친 압박감 때문에 폭식증과 거식증 등 식이장애 환자가 크게 늘고 있고, 정신적인 문제까지 이어지는 경우가 많아요. 거식증이나 폭식증은 심한 우울증이나 불안 강박장애로 이어지며, 때로는 자살이나 살인 등의 돌출 행동으로 이어지기 때문에 반드시 전문가를 찾아 치료를 받아야 해요.

이처럼 최근의 '몸짱 열풍'은 신체에 대한 왜곡된 이미지를 부채질해 병을 더욱 확산시키고 있습니다. 때문에 반드시 짚고 넘어가야 하지요. 특히 사춘기 무렵에는 외모에 관한 왜곡된 인식을 벗고, 다양하고 유연한 태도를 취하는 것이 필요합니다.

몸에 대해 고민이 있나요?

청소년들에게 "너의 몸에 대한 고민이 있니?"라고 물어보면 대부분의 친구들은 고민이 있다고 할 거예요. 대부분의 남학생들은 형욱이처럼 생각보다 심각하게 이 문제에 대해 고민하고 있는 것을 알 수 있어요.

형욱이와 같은 고민이 있는 친구들은 여러 사람에게서 외모지상주의를 부추기는 말을 들어왔을 거예요. 텔레비전에서도 매일 외모에 대한 선입견을 키우는 장면들이 많이 나오고, 학교에서도 그런 걸 느끼게 되는 일이 많지요.

외모지상주의(Lookism)라는 말은 미국 〈뉴욕 타임즈〉의 칼럼니스트인 새파이어가 2000년 8월 '인종', '성별', '종교', '이념' 등에 이어 새롭게 등장한 차별 요소로 지목하면서 부각되었어요. 루키즘이라는 말은 외모가 개인 간의 우열과 성패를 가름한다고 믿어 외모에 집착하는 현상을 일컬으며 '외모지상주의' 또는 '외모차별주의'로 번역된답니다.

외모에 너무 집착하다 보면 병증으로 발전할 수도 있다는 사실이 가장 큰 문제점으로 지적되고 있어요. 외모에 대한 집착 때문에 성형 중독에 걸린 사람도 있고, 강박증이 심해지기도 해요.

나는 세상에서 하나뿐인 존재

누군가 세워놓은 멋진 외모에 대한 생각을 받아들이지 말고 "나는 나로서 존재하고, 나는 나로서 족하다"는 생각을 가지도록 노력해봐요. 세상의 그 누구도 형욱이와 같은 존재는 없어요. 그만큼 존귀하고 소중한 존재라는 뜻이에요.

이 세상의 상술과 텔레비전 매체에서 만들어놓은 미의 기준은 대부분의 사람들에게 자신을 초라하고 주눅 들게 만들어요. 그러한 미의 기준에 부합되는 사람은 극소수이기 때문에 자신에 대해 충분히 만족하는 사람은 거의 없어요. 이 때문에 자신을 만족스럽지 않게 생각하고 끊임없이 비하하고 열등감에서 빠져나오지 못하는 것이랍니다.

우선 할 수 있는 것부터 시작해봐요

부모님이 다 키가 작으셔서 유전적으로 작을 수밖에 없다는 생각으로 미리 포기하지 말고, 잠을 충분히 자고 햇볕을 받으면서 걷기 운동도 하고 우유 등의 영양가 높은 식품을 충분히 섭취하는 것도 도움이 되지요. 잠을 너무 적게 자거나 새벽 2시 이후에 자게 되면 성장호르몬이 충분히 나오지 않기 때문에 키가 자라지 않는다고 해요.

미리 포기하는 것은 나빠요. 가끔 부모님이 모두 키가 작은 분들인데 키가 큰 학생들을 만날 때가 있어요. 그러나 혹시 많은 노력을 했는데도 아주 큰 키가 되지 않았다면 실망하지 말고 내면의 풍요로움을 키워봐요. 책을 많이 읽고 열심히 공부도 하고 자신의 꿈을 이루기 위해 열심히 노력하다 보면, 외모의 부족한 부분을 충분히 커버해 당당해질 수 있게 된답니다.

온종일 게임 생각만 하는 나, 혹시 게임중독일까?

은수의 이야기

게임을 많이 하는 게 잘못인가요? 전 게임할 때 기분이 좋고 행복한 느낌이 들거든요. 시간도 빨리 가고, 공부할 때는 산만한데 게임할 때는 집중도 잘 되고 제가 잘하는 게 있다는 게 자랑스러워요. 게임 쪽 직업을 가질 수도 있는데 부모님은 게임이 나쁘다고만 하세요. 정말 답답해요. 요즘은 한 가지만 잘해도 사는 데 지장 없잖아요. 게임만큼 재미있는 건 없어요. 제가 게임중독인가요? 게임을 전혀 하지 않는다면 살고 싶지 않을 것 같은데요.

_은수, 고등학교 1학년

금방 중독이 되는 게임

청소년기의 아이들이 재미로 시작했던 게임은 한 번 빠져들면 헤어나기 힘들어요. 그래서 쉽게 중독이 된답니다. 우선 은수가 중독 수준인지 아닌지 체크해볼래요? 게임중독이라고 할 때는 세 가지 조건을 확인해봐야 해요.

첫째, 내성이 생겼는지 알아야 해요. 게임을 하고 나서도 자꾸 하고 싶고, 하는 시간이 점점 더 길어지는 현상을 내성이 생겼다고 할 수 있어요.

둘째, 금단현상이라고 하는데 컴퓨터를 할 수 없을 때 왠지 불안하고 자꾸 컴퓨터만 하고 싶어지고, 게임을 원하는 만큼 하지 못하면 화도 나고 짜증도 나는 현상입니다.

셋째, 가장 심각한 문제는 일상생활에 지장이 생기는 것이지요. 공부를 해야 한다는 생각을 가지면서도 게임에서 헤어나지 못하는 경우, 전날 게임을 너무 많이 하느라 잠을 못자서 지각하거나 학교에 못 가게 되는 현상, 또는 학교에서 수업을 들을 수 없을 정도로 잠이 오는 것 등 일상생활에 장애가 생기는 정도는 매우 심각해진 상태라고 할 수 있어요.

자신이 어떤 부분에 해당하는지를 잘 파악해볼 필요가 있어요. 그리고 어떤 부분을 바꾸고 변화시켜야 할 필요가 있는지를 먼저 생각해봐야 해요. 특히 중, 고등학교 시절은 자신의 인생과 미래를 생각해보며 자아를 찾아가야 하는 아주 중요한 시기인데, 게임은 이런 생각을 정리하고 미래를 준비할 시간들도 **빼앗아버려요.** 때문에 지금부터라도 게임하는 시간을 조절하고 줄여나가는 노력이 필요하답니다.

게임에만 자꾸 빠지는 이유

현재 공부를 잘하지 못하거나 머리가 나쁘다고 생각하는 청소년들은 자신의 미래에 대해서 암울하다고 느끼게 되고, 그러면 그럴수록 생각하는 것 자체가 두려워서 게임으로 도망가게 되는 경우도 많아요.

청소년의 게임중독이 가장 문제시 되는 것은 이런 중요한 시기에 자신에 대하여 생각해볼 시간을 갖지 못하도록 회피하는 심리가 강하게 개입되어 있다는 점이에요. 청소년 시기에는 이 시기에만 정립해야 하는 가치관이나 비전이 있어요. 청년이 되어서 그때서야 생각하려면 더욱 마음이 조급해지고 힘들어서 아예 포기해버리는 경우도 있지요.

또 부모님이나 가족의 관심이 없고 혼자 방치된 것 같은 기분을 많이 느끼는 청소년들이 게임에 빠지기 쉽대요. 혹시 아무도 내게 관심을 보이지 않는다는 생각을 했나요? 외로울 때가 많았나요? 그런 심리적 상태가 게임에 더욱 **빠지게** 만드는 원인이 된답니다.

게임에 빠질수록 좌절감이 깊어진다는 것을 알아야 해요. 머리가 복잡하고 고민스러운 것이 많을수록 게임만 하려고 하는데, 청소년 시기에는 어른처럼 생각하지 못하고 이런 복잡한 감정을 어떻게 처리해야 할지 모르기 때문에 게임중독에서 헤어나기가 더욱 힘들어요. 오랫동안 게임에 빠져 있는 경우, 게임과 떨어질까 봐 두려워하는 마음도 생기게 돼요. 왜냐하면 게임에서 분리되는 순간 자신의 현실과 맞닥뜨려야 하기 때문이지요.

누군가의 도움을 받아야 해

게임에서 헤어나지 못할 경우에는 용기를 내서 도움을 요청해야 해요. 우선 아빠에게 도와달라고 하면 어떨까요? 아빠에게 솔직하게 게임만 하고 싶은 심정을 이야기하고 어떻게 해야 할지 조언을 구하는 거예요. 물론 이런 말을 할 때 아빠는 잠시 실망하는 표정을 지을 수도 있어요. 자신의 아들이 훌륭하게 자랄 것이라고 아빠들은 대개 생각하거든요.

그러나 실망은 잠깐이고 해결을 위한 노력이 이어지게 되면, 아빠는 아들을 더욱 대견스럽게 여기실 거예요. 어떤 이유로 게임에 빠지게 되었는지 원인도 함께 찾아보고 게임을 할 때 뭐가 좋은지도 대화를 하면서 아빠와 더 친해질 수도 있어요. 만약 용기를 내어 아빠에게 말했는데 화부터 내신다면 어떡할까요? 조금 당황스럽겠지만 진심을 다해 도움을 요청하면 아빠의 태도는 바뀔 거예요.

언제 게임을 하고 싶은가

공부가 하기 싫을 때, 게임을 더 많이 하고 싶은 생각이 드는지, 아니면 부모님과 싸웠을 때나 친구들과 관계가 안 좋을 때 더 게임을 하고 싶은지 여러 이유들을 생각해보고 찾아보면 좋겠어요.

게임을 하고 싶어지는 원인을 먼저 찾은 후에는 그것을 제거하는 것이 중요해요. 회피의 수단으로 게임을 해왔다면 스스로 제어하기 힘들 수 있어요. 그럴 때는 컴퓨터를 가족이 모두 함께 있는 공간인 거실로 옮기는 것도 한 방법이에요.

지금 게임에만 빠져 있는 자신을 인정하고 받아들이는 것도 정말 중요해요. 그렇지 않으면 중 고등학생을 지나 성인이 되어서까지 헤어나지 못하게 되니까요. 또한 극단적인 사례들이 계속 나오면서 사람들은 게임중독을 사회적 문제로 인식하게 되었어요.

예를 들어, 게임중독에 빠진 한 중학생이 게임비를 주지 않는다는 이유로 어머니를 살해하고 자살한 사건도 있었고, 게임에 중독된 부모가 갓 태어난 아기를 굶겨 죽인 사건도 있었어요. 그리고 5일 동안 쉬지 않고 게임을 하다 호흡곤란으로 30대 남성이 사망한 사건 같은 심각한 문제도 있었어요. 누구도 그렇게까지 되고 싶어서 된 것은 아니겠지요. 게임 중독을 계속 내버려두면 그런 불행한 사건도 일어나는 거랍니다.

어떤 증상까지 있는지 살펴보기

현재까지 발표된 연구결과를 보면, 게임 중독에 빠지면 학교생활 부적응, 사회성 저하, 불안, 우울증상, 낮은 정체성 등의 특징을 보인다고 해요. 또한 두통, 불면증, 소화기 문제 등의 신체적 문제도 심각하게 나타날 수 있대요.

게임 중독이 마약 중독처럼 의학적인 치료가 필요한 증상까지 나타난다는 연구결과도 있어요. 게임 중독이 심각한 경우 현실과 게임 속의 세계를 혼동하거나, 게임을 모방하여 폭력적 행위를 저지르기도 하는데 사회적인 범죄로까지 이어지는 경우도 있지요.

엄마나 아빠가 게임한다고 야단칠 경우에 화가 치밀어 오르거나 폭언이나 공격적 행동을 하게 되는지도 살펴봐야 해요. 게임에 빠질수록 반항적인 태도가 심해지니까 자신도 모르게 성격장애로 이어지지는 않는지도 꼭 살펴봐야 해요.

중독이라는 단어의 어원은 노예로부터 나왔다고 해요. 그만큼 중독을 일으키는 것의 노예가 된다는 의미인데 계속 게임을 하면 게임의 노예가 된다는 뜻이지요. 노예가 되어 평생 사는 것을 원하지는 않죠? 이 자유로운 세상에서 왜 컴퓨터의 노예가 되어 속박당한 채 살아야 하겠어요. 지금부터 자유로워질 수 있어요. 먼저 스스로를 인식하고, 그 다음엔 변화하려 노력한다면, 조금씩 게임에서 빠져나오게 될 거예요.

이렇게 어른이 되는 게
너무 걱정돼

저는 벌써 고3이 되었지만 해놓은 게 하나도 없어요. 공부도 잘하는 건 아니

고, 딱히 특출 나게 잘하는 게 없어요. 점점 나이를 먹고 이제 얼마 후면 어른

이 되는 거잖아요. 아직 준비가 하나도 안 된 것 같은데 제가 어떻게 어른이

되겠어요. 어른이 되는 게 무서워요. 이제 수능도 얼마 안 남았는데 부모님 실

망시킬 걸 생각하면 가슴이 답답해져요. 가끔 아무것도 하지 못할 정도로 무

기력해지고 기운이 하나도 없어요. 학교도 가고 싶지 않고 공부고 뭐고 다 귀

찮고 싫어질 때도 있어요.

_ 혜리, 고등학교 3학년

어른이 된다는 것

고등학교 3학년이면 거의 어른이 되기 직전에 와 있네요. 어른이 된다는 것은 자연스럽게 순리적으로 받아들여져야 하는 생애 발달 단계 중의 하나인데 혜리는 왜 이렇게까지 두려워졌을까요? 아마도 누군가에게 어른이 되면 암담하고 힘든 현실이 기다리고 있다고 많이 들어서 그럴지도 모르겠어요.

"어른이 되는 게 얼마나 힘든데 지금 그렇게 살아서 어쩌려고 그래?"

이런 말 한마디만 들어도 정말 힘들어질 거예요. 그리고 어른이 되고 싶지 않고 어른이 된다면 잘 해낼 것 같지 않은 기분이 강하게 들겠지요. 그런데 어른이 된다는 건 새로운 세상이 펼쳐지는 시기이기 때문에 좋은 점도 많아요. 스스로 결정할 수도 있고, 청소년 시기까지는 부모님과 선생님들에 의해 수동적으로 살아왔다면 내가 하고 싶은 것을 능동적으로 할 수도 있는 자유의 시기기도 합니다.

어른이 되는 자신을 받아들이는 과정

청소년 시기가 자연스럽게 나에게 주어졌듯이 어른의 시기도 자연스럽게 찾아온다는 것을 편안하게 받아들이는 자세가 필요해요. 불안하다고 해서 시간이 멈추는 것은 아니기에 자신이 불안하다는 것을 인식하고 조금씩 받아들이는 연습도 필요하지요. 내면을 성찰하고 여물게 하는 방법을 받아들이고 조금씩 무르익어가는 것이 어른이 되기 위한 워밍업입니다.

현재 청소년 시기에 흐르는 불안이 미래의 어른이 되는 것에 대한 불안으로까지 이어지는 거예요. 어른이 되는 것이 두렵고 싫은 그 마음을 자책하지 말고 토닥여주세요. 막연한 불안은 더 크게 느껴지기 마련인데 무엇이 불안한지 하나씩 종이에 써보는 것도 도움이 될 거예요. 내 안에 생긴 불안을 조금씩 해결해나가다 보면 어느새 어른스러워진 자신을 발견하게 될 거예요. 그리고 나이가 들어가면서 풍부해진 삶의 경험과 지혜가 생겨 더 이상 불안하지 않을 때가 온답니다.

어른이 되는 건 알을 깨는 것

오늘날은 대략 스무 살을 기준으로 어른이라고 할 수 있어요. 십 대를 벗어나 2라는 숫자로 시작하는 나이가 되는 것은 참으로 큰 의미가 주어져요. 새로운 시작과 자유의 세상으로 바라보면 가슴이 설레고 심장이 뛰게 될 거예요.

그동안 알 속에서 세상으로 나올 준비를 하는 시기를 보냈다면 이제 막 알을 깨고 바깥 세상을 나오는 시기가 어른이 되는 지점이랍니다. 누구든 알을 깨는 건 무섭고 불안한 감정을 갖게 하지요. 알 속에 있을 때는 답답하긴 하지만 그래도 안전하다고 느끼거든요. 그런데 이제 알을 깨고 나가서 맞이하게 되는 세상은 한 번도 살아본 적이 없는 미지의 세상이기 때문에 두려움을 느끼게 되는 거지요.

하늘을 자유롭게 날아가는 새 역시 어느 한 순간은 알을 깨는 고통이 있었다는 것을 기억해보세요. 바깥이 무섭다고 해서 깨고 나가지 않고 비좁은 알 속에서 버틴다면, 알은 점점 썩어서 냄새가 날 것이고 또 다른 두려움이 엄습하게 될 거예요. 새로운 세상을 자연스럽게 받아들이면 어느 순간 이쪽 세상이 생각보다 무섭지 않다는 걸 알게 될 거예요.

어른이 되기 위한 준비의 시간임을 기억하기

어른이 된다는 생각에 너무 빠져 있지 말고 현재의 내가 할 일에 집중하고 노력하는 것이 미래를 준비하는 가장 지혜로운 방법입니다. 현재의 시간이 모여 미래를 끌어오고 만들어가는 것이기 때문에 현재의 시간에 충실한 것이 두려움을 줄이는 좋은 방법이지요.

공부를 할 때는 몰입해서 하고 노래도 열심히 불러보고 운동도 해보고 친구들과 신나게 노는 시간도 잠깐씩 가져봐요. 이 모든 시간들이 여물어 어른이 되는 시간으로 다가가게 하지요. 현재의 시간을 불안한 마음으로 보내지 말고 오히려 그 시간 동안 즐겁게 지내는 것이 가장 필요해요. 현재 즐겁고 행복하면 미래도 그렇다고 믿게 되니까 불안은 줄어들 거예요.

엄마 아빠로부터 건강하게 떨어지기

스무 살이 되면서부터는 부모님께 의존하던 마음을 조금씩 놓고 스스로 무엇이든 하려는 생각을 가지는 것이 필요해요. 완전하지 않아도 괜찮아요. 자신의 정체성이 이제 어른으로 가야 하는 과정이라는 것을 인식하고 인정하는 것이 중요해요. 언제까지나 알 속에 있는 새처럼, 자라지 않은 피터팬처럼 자신을 어린아이로 인식하는 건 스스로를 더욱 가두어버리는 일이 되겠지요.

두려워하지 말고 하나의 인격으로 하나의 인간으로 우뚝 설 수 있도록 의존하는 마음을 내려놓기 위해 조금씩 노력하며 애쓰다 보면 어느새 독립적인 한 사람으로 서 있게 될 거예요. 그러나 이 모든 것들도 천천히 하나씩 하면 돼요. 성급하게 서두를 필요는 없어요. 자연스럽게, 천천히, 그러나 포기하지 않고 나아가는 자세. 그거면 된답니다.

문득 그냥 죽고 싶다는
생각이 들어

미소의 이야기

어른들이 말하는 사춘기가 심해지나 봐요. '왜 태어났을까? 왜 이렇게 살아야 할까? 공부는 왜 해야 하나? 나는 왜 이렇게 못생겼나?' 수없이 안 좋은 생각이 머릿속을 가득 채우고 나보다 잘난 애들과 자꾸 비교해서 나 자신에게 더 실망만 하고요. 잠을 자다가 이대로 죽어버렸으면 좋겠어요. 내가 세상에서 흔적도 없이 사라져버린다면 어떨까 늘 생각해요. 엄마 아빠가 잠깐 슬퍼하겠지만 뭐, 시간이 지나면 잊겠죠.

_ 미소, 중학교 3학년

'죽고 싶다'는 말은 '살고 싶다'는 말의 역설

'나의 오늘은 어제 죽은 이가 그토록 그리던 날이다'라는 말이 있어요. 어제 죽은 사람은 오늘을 맞이하여 계속 살고 싶었을 거예요. 또 이런 말도 있어요. '인간이 죽고 싶어 하는 것은 죽고 싶지 않기 때문이다.'

정말 철학적이며 역설적인 말이지요? 그런데 이 말을 자세히 살펴보면 모든 인간은 죽음을 무서워하고 이 세상에서 흔적도 없이 자신의 존재가 사라지는 것을 두려워한다는 사실을 알 수 있어요. 그래서 인간은 영원히 죽지 않고 살고 싶어 한다는 심리를 이해할 수가 있어요.

죽음에 대해 고뇌를 느끼는 수준이 높은 사람은 현실주의자보다는 이상주의자일 가능성이 높다고 생각해요. 이상주의자들은 형이상학적이고 비현실적인 개념을 더욱 추구하고 세상의 본질에 대해 고민하고 고뇌하는 경우가 많거든요. 이런 사람들은 좀 더 현실을 직시하도록 노력하는 것이 필요하겠다는 생각이 들어요.

죽고 싶은 이유에 대해

사람이 죽고 싶어 할 때는 여러 가지 이유가 있어요. 아무 이유 없이 죽고 싶어 하는 것 같지만 실은 그렇지 않아요. 그 이유를 발견할 수가 없기 때문에 그렇게 느끼는 거예요. 우리나라는 한 해에 정말 많은 사람이 '자살'해요. 왜 그럴까요? 사람은 죽고 싶어 하지 않는데 스스로 죽음을 선택할 만큼 절박해진 그 무엇이 그 사람들에게 있었을까요?

자살하려는 이유는 우선 병이 깊어서 생긴 거예요. 우울증(우울병)이라는 병은 치료하지 않고 방치해두면 점점 깊어져서 자신도 모르게 죽고 싶어 하는 문제를 만들어요. 불안이나 공황장애 같은 심리적 문제도 죽고 싶게 만들어요. 너무 고통스러워서 죽어서 끝내고 싶은 욕구가 생기는 경우가 있어요. 몸에 통증이 계속되는 병이 있을 때도 죽고 싶지요.

언젠가 유명 방송인 한 분이 통증이 극심한 불치병을 앓다가 자살한 사건이 있었어요. 그때 너무 충격적이었고 마음이 아팠던 기억이 있어요. 희망이 전혀 없고 무기력해서 아무 일도 할 수 없다고 생각될 때 죽고 싶어져요. 누군가와 계속 비교하게 되어 자신이 한없이 비참한 존재라고 여기게 될 때 죽고 싶어져요.

그러나 힘든 감정이 많이 생긴다고 해서 모두 자살을 시도하지는 않아요. 그냥 막연히 죽고 싶어 하다가 어느 순간 이겨내고 열심히 살아가게 되는 경우가 더 많아요. 이렇게 생각을 전환시켜 죽지 않고 살아야겠다는 의지를 가지게 되려면 심리적 내성을 키우고 마음을 튼튼하게 하는 것이 무엇보다 중요하겠지요.

정말 죽고 싶나요?

인간이 삶에 대한 욕구가 가장 강해질 때는 죽음의 순간에 직면했을 때라고 해요. 아이러니하지요? '정말 죽겠구나'라고 느끼는 순간에 가장 강렬하게 살고 싶어 한다는 거죠. 사람은 태어나는 순간부터 죽음을 향해 가는 존재, 그래서 본능적으로 죽고 싶어 하지 않는데, 왜 자신이 자꾸 죽고 싶어 하는지부터 자세히 파악해보는 것이 필요할 것 같아요.

혹시 같은 반 친구가 나보다 훨씬 예뻐서 선생님들이 그 아이만 좋아하고 칭찬하나요? 그러면 기분이 나쁠 것 같아요. 편애처럼 기분이 상하는 일도 없지요. 어른들의 말 한마디가 비교하는 심리를 키우는 경우도 있어요. 그런데 다른 사람의 말이 잘못되었다고 인식하고 알아차리는 것도 참 중요해요. 잘못된 말이라는 것을 알아차리면 받아들일 필요가 없어지니까요. 비교하는 말은 언제나 참 나빠요. 우리의 정신 건강을 몹시 해치는 말이지요. 그런 말을 하는 사람이 잘못되었다고 생각하고 자기 자신도 비교하지 말았으면 좋겠어요.

'내가 죽으면 엄마 아빠가 슬퍼할까'라고 생각한다면 뭔가 불만이 있는 것이고 서운한 것이 있는 거예요. 그래서 내가 죽으면 조금이라도 복수하는 심정이 될 것이라는 잘못된 생각을 하게 되지요. 차라리 살아서 엄마 아빠에게 말할 수 있어야 해요. 엄마 아빠가 나에게 잘못한 일이 무엇인지를. 말하지 않고 죽어버리면 더 억울해지지 않겠어요? 그냥 죽고 싶은 건 없어요. 분명히 뭔가 이유가 있어요. 그 이유를 찾아보고 해결해 나가다보면 죽고 싶은 생각도 점차 사라지게 될 거예요.

꼭 살아야 해요

혹시 자신이 주변사람들을 힘들게만 하고 자신만 세상에 없으면 괜찮아질 것 같은가요? 아무것도 할 자신이 없고 아무것도 하기 싫어졌나요? 자신에게 향하는 기대감에 너무 무겁고 힘든가요? 그래서 기진맥진해서 아무 생각이 없어지고 죽고 싶어졌지요?

그런 힘든 마음을 이해해요. 하지만 죽음으로 회피하려는 건 더 큰 고통을 낳게 돼요. 삶은 내가 원하는 대로 나아가지 않을 때가 많아요. 그래서 순간적으로 무력감을 느끼거나 자책하게 될 때가 있어요. 내가 원하는 대로 살아지지 않는다고 해서 죽어야겠다고 생각할 필요는 없어요. 내가 원하는 삶이 아니었지만 그래도 삶을 포기하지 않고 나아가다보면, 새로운 길이 보이고 생각지도 못했던 더 좋은 삶이 기다리고 있을 때도 많아요.

아직 많이 살아온 것은 아니잖아요

벌써부터 포기할 필요도 없고 실망할 필요도 없어요. 아직 삶은 끝나지 않았고 내 삶이 어디로 향하게 될지는 완벽하게 알 수 없으니까요. 분명히 점점 더 좋아질 것이고 새로운 희망과 새로운 길은 열리고 있어요. 이것을 꼭 믿어야 해요.

힘들다고 도망치면 더 힘든 길이 기다리고 있을 거예요. 내가 원하는 대학에 못 들어갈 수도 있겠지만 그렇다고 세상이 끝나는 것도 아니죠. 하나의 길이 막히면 또 다른 길이 열려요. 사람의 인생은 언제 어디에서 돌발적인 전환기가 생길지 모르는 거랍니다. 그리고 생각지도 않은 빛나는 길이 열릴 때도 있는 거예요.

어두운 골짜기 같은 순간도 있지만, 환한 봄볕 같은 순간도 있답니다. 다양한 삶의 경험이 사람을 성숙하게 하고 굳건하게 해준다는 것도 꼭 기억하길 바라요. 찬바람이 부는 겨울도 있고 따뜻하고 포근한 봄도 있고 타는 듯한 여름도 있고 아늑하고 로맨틱한 가을도 있는 것이 인간의 생애라고 생각해요. 그래서 항상 새롭다고 느끼고 단조롭지 않고 지루하지 않다고 긍정적으로 생각하면 정말 그렇게 느끼게 되지요. 죽고 싶다는 생각이 이제 조금은 줄어들었나요? 그렇게 되었길 간절히 바라요.

상처를 치유하는 시간

독서치료

'상처를 치유하는 시간'에서는 청소년을 위한 문학치료, 미술치료, 음악치료, 동작치료 등을 소개할게요. 이 코너는 함께 따라 하다 보면 치유를 경험하게 되는 방법을 알려주는 코너입니다. 혼자서도 할 수 있는 쉬운 방법이니 한번 따라해보길 권합니다. 이 분야들은 각각의 전문적 분야로 나뉘어져 있어요. 다양한 분야의 방법을 스스로 할 수 있도록 아주 쉽게 설명해 놓았는데 천천히 따라서 해보세요.(여기에 소개하는 각각의 치료 방법은 저자가 치료 중에 필요할 경우 사용하고 있는 방법이며, 상황에 따라 전형적 방법에서 변형된 방법이라는 점을 밝힙니다.)

독서치료

치유를 도와주는 책 중에 자신이 읽고 싶은 책을 골라 읽으면서 끌리는 부분에 줄을 치거나 자신의 경험이나 생각을 여백에 써넣어봅니다. 예를 들어, 책을 읽다가 '소외감'이라는 단어가 마음에 와 닿았을 경우, 책의 여백에 소외감으로 힘들었을 때의 경험을 써보고, 그때의 감정도 써봅니다. 그리고 스스로 자기 자신을 토닥여줍니다. 책의 여백에 쓰지 않고 다른 노트나 메모지에 써도 좋습니다.

독서치료로 치유의 도움을 받은 사례

중학생 A군은 저자의 책 〈사춘기 통증〉을 읽고 책의 여백에 느낌을 썼고 자신의 마음속 깊은 감정을 상담 시간에 표현했어요. A군이 써본 내용을 옮겨볼게요. 어떤 책을 선택해도 괜찮지만 치유에 도움이 되는 책이면 좋겠어요. A군이 책 내용을 보고 느낀 점을 쓴 것처럼 자신이 읽은 책의 내용을 노트나 책의 여백에 써보고, 쓴 것을 소리 내서 읽어보세요. 이런 독서치료는 여러 명의 친구와 서로 이야기를 나누는 것이 훨씬 효과적이에요. 기회가 되면 친구들끼리 모여서 각자 쓴 것을 읽고 느낌들을 나누어보면 좋겠어요.

◀◀〈사춘기 통증, 강선영 저〉 169~170쪽 중 ▶▶

사춘기가 한창인 중고등학생 시기의 남자아이들은 고뇌가 많다. 어른으로서 조그만 애가 무슨 고민이 그렇게 많겠냐고 생각하면 안 된다. 아직 다 자라지 않은 미성숙함 때문에 작은 고민도 크게 느끼기 때문에 어른보다 훨씬 견디기가 힘든 것이다. 그래서 쉽게 우울증에 걸리고 불안에 시달리기도 한다.

▶ 이 내용은 딱 내 이야기 같다. 나는 고뇌가 많다. 남들한테 말할 수 없는 비밀도 많고 남자라서 그런지 표현하기가 힘들다. 친구들이 있어도 걔네랑 말하고 싶지도 않다. 그런데 나처럼 이런 애들이 많이 있다고 하니까 좀 안심이 된다고 할까. 조금 위로가 되는 느낌이다.

남자아이들의 사회성은 무엇보다도 아빠와의 관계에서 출발한다. 아빠와
사이가 좋지 않으면 사회적인 장애를 겪는다. 세상에서 맺는 최초의 인간
관계도 엄마와 아빠로부터 시작한다. 특히 아들에게는 아빠와의 관계가
앞으로 인간관계에서 초석이 된다.

▶ 남자인 내게 아빠와의 관계가 중요하다고 하는 것을 처음 알게 되었
다. 나는 아빠와 대화가 거의 없다. 아빠는 일찍 나가시고 늦게 들어오신
다. 나도 아기 때는 아빠랑 놀러 다니고 장난도 많이 쳤던 것 같다. 지금
도 아기 때로 돌아가고 싶다. 아빠에게 대화를 많이 하자고 말씀드려봐야
겠다.

이렇게 책을 통해 자신의 마음을 털어놓는 건 마음 치유에 많은 도움
이 되어요. 다음 책의 일부분을 읽어보면서 앞서 A군의 경우처럼 자신의
생각과 마음을 적어보세요. 다른 친구들이 쓴 글을 보며 함께 공감하고,
마음의 위로도 받을 수 있을 거예요.

절대 해서는 안 될 말 하지 않기

인생을 살면서 '무엇을 하느냐'도 중요하지만, 절대로 해서는 안 될 일을 하지 않는 것도 중요합니다. 탑을 쌓는 데는 20년이 걸리지만, 탑을 무너뜨리는 데는 20분도 걸리지 않는다고 하죠? 우리 안의 공격성과 분노를 어떻게 풀고 다스리느냐가 바로 우리의 인생을 결정하기도 합니다.

서로 싸우면서 화가 나서 절대 하면 안 될 말을 해버리는 경우가 있어요. 싸우는 순간에는 상대방은 적이 되기 때문에, 자신을 지키고 싸움에서 이기기 위해 상대방에게 치명타를 주는 아픈 말을 해버릴 수 있어요.

관계를 깨는 말

엄마 나가 죽어!

나 엄마가 죽어버렸으면 좋겠어.

엄마 네가 내 인생을 다 망쳐놨어.

엄마, 아빠와 싸우면서 이와 비슷한 말을 하고, 또 들은 적이 있나요? 가까운 사람일수록 상대방에 대해 많이 알고 있고 또 비밀스러운 약점도 알고 있어서, 상대방을 아프게 공격하는 말을 할 수 있어요. 다시는 안 볼 사람이 아니기 때문에 서로에게 준 상처는 둘의 자존감과 관계를 악화시켜요.

'누워서 침 뱉기'란 말처럼 마치 자신을 공격한 것과 같은 상황이 되는 거죠. 자기 안에 있는 분노의 불덩어리를 다른 사람에게 던지지만, 결국엔 같이 타게 됩니다. 공격하는 말의 부정적인 힘은 상대방에게도, 자신에게도 파괴적인 영향을 줘요. 그 당시에는 시원한 것 같지만 그 불은 모든 것을 파괴시킨답니다.

▶ 이 글을 읽으며 오래 생각했다. 말은 한 번 뱉어버리면 주워 담을 수가 없다는 생각이 든다. 우리 가족은 너무 가깝다는 이유로 서로에게 함부로 한다. 엄마도 화가 나면 함부로 말하고 아빠도 막 큰소리를 지르며 아무 말이나 한다. 우리 가족의 말은 서로에게 큰 상처를 주고 있다고 생각한다. 분노의 불덩어리를 다른 사람에게 퍼붓게 되면 같이 타게 된다는 말이 정말 공감된다. 우리 가족은 이제부터라도 서로에게 상처를 주지 말고 치유를 받기 위해 노력해야겠다는 생각이 든다.

(글을 읽고 나서 자신의 생각과 감정에 대해 써보세요.)

우리는 남을 통해 나를 알게 된다

하루에 몇 번이나 거울을 보나요? 아침, 저녁으로 한 번씩만 보는 친구
도 있을 테고 하루 종일 거울을 끼고 사는 친구들도 있겠지요. 하지만 누
구나 자주 보는 거울이 또 있습니다. 바로 '타인'이라는 거울입니다. 매일
보고 있지만 우리의 눈에는 잘 안 보여서 의식을 못하고 있을 뿐이지요.
타인이 왜 거울일까요? 거울은 우리의 모습을 비춰주는 도구이지요. 거
울을 통해 자신의 잘난 부분, 못난 부분을 전부 볼 수 있습니다. 오똑한
코도 볼 수 있지만 이마에 난 여드름도 볼 수 있듯 말입니다.

타인도 거울과 같습니다. 내 주변 사람들이 나에게 하는 말과 행동에 따
라 나의 모습을 알게 되는 것이지요. 다른 사람들이 '예쁘다', '멋있다'고
말해 주면 내가 정말 그런 사람인 것 같습니다. 마찬가지로 누군가가 나
에게 '못났다', '이기적이다'라고 말하면 나도 모르게 나를 그렇게 생각하
게 됩니다.

▶ 나는 항상 나 자신을 못났다고 생각했다. 다른 사람은 다 나보다 낫고
나만 못났다고 생각했다. 그래서 다른 사람을 잘 쳐다보지도 못한다. 그
런데 이 책에서 타인이 거울이 된다고 했다. 다른 사람이 내 거울이 된다
는 것. 그렇다면 나도 다른 사람의 거울이 될 수 있을 텐데, 나는 사람들
이 아직 무섭다. 나 자신을 이렇게 못나게 생각하게 된 것도 누군가 내게
못났다고 계속 말했기 때문일 것이다. 어릴 때부터 아빠가 항상 나한테
"너는 왜 이렇게 못났냐?"라며 핀잔을 준 것이 생각난다. 이제부터라도
아빠가 내게 "잘났다, 멋있다"고 말해주면 좋겠다. 그러고 나서 나도 좀
더 튼튼한 마음을 가지고 다른 사람에게 좋은 거울이 돼주고 싶다.

(글을 읽고 나서 자신의 생각과 감정에 대해 써보세요.)

PART

2

매일 매일
공부 스트레스!

공부

지겨운 학교, 학원, 숨이 턱턱 막혀

초등학교 때부터 공부, 공부, 공부. 엄마 아빠가 저만 보면 하던 말이에요. 공부하라는 말밖에는 할 말이 없나 봐요. 학교를 가도 학원을 가도 집에 와도 공부만 하래요. 저는 공부 말고도 하고 싶은 것도 많고요, 세계 여러 나라에 대해서 궁금한 것도 많고, 기타도 배우고 싶은데 공부 때문에 아무것도 하지 말래요. 어른들은 제 꿈이나 제가 하고 싶은 것에는 관심도 없어요. 정말 숨이 막혀요. 전 공부에는 소질도 없는데 자꾸 공부만 하라고 하는데 어떡하죠?

_ 민준, 고등학교 2학년

왜 공부를 해야 할까

민준이는 벌써 고등학교 2학년이 되었군요. 고2 때까지 공부에 대한 스트레스가 있었던 것 같네요. 얼마나 힘들었을까 이해가 돼요. 어렸을 때 공부를 해야 하는 목적과 공부의 의미를 부모님이나 선생님이 잘 설명해주고 알려주었으면 좋았을 텐데, 그런 기회가 없었던 것 같아요.

"학생은 공부나 하는 거야", "공부만 열심히 하면 다 되는 거야"라는 얘기를 많이 듣고 자랐지요? 그리고 선행학습, 영어 공부 등 어릴 때부터 수많은 학원을 다니며 힘든 공부를 해야 했을지도 모르겠어요. 공부를 잘하면 부모님이 기뻐하시고 칭찬해주시니까 어렸을 때는 그 맛에 공부를 제법 하다가도 점점 시간이 지나면서 '내가 왜 이렇게 힘든 공부를 아무 목적 없이 하고 있지?'라는 생각을 하게 되지요. 우선 지금까지 힘들어하면서도 학교에 다니고 나름대로 공부해온 민준이를 칭찬해주고 싶어요. 스스로도 칭찬해주길 바라요. 그리고 지금부터 공부해야 하는 이유와 목적을 생각해보기로 해요.

부모님의 가치관으로부터 생긴 혼란

엄마 아빠가 공부하라는 잔소리를 하시는 이유는 지금까지 살아오면서 공부를 많이 한 사람이 좋은 직장에 취직하기도 더 유리하고, 돈도 더 많이 버는 것을 봐왔기 때문일 거예요. 엄마 아빠의 어린 시절은 지금보다는 모든 게 어렵고 힘든 시기였어요. 지금보다 우리나라가 훨씬 가난한 시대였기 때문에 공부를 열심히 해서 남들보다 성공하고, 가난에서 벗어나려 했었죠.

그런 부모님의 사고와 가치관이 잘못되었다고 할 수는 없겠지요. 지금도 공부를 잘하고 좋은 대학을 나온 사람들이 비교적 취업의 문도 넓은 것을 볼 수 있어요. 그리고 힘든 시절을 견디고 살아온 부모님의 가치관이 무조건 틀렸다고 몰아붙이는 건 부모 자녀 간의 갈등을 키우는 것이 될 거예요. 그 분들의 삶도 존중받아야 해요.

그러나 시대가 달라지면 가치관도 변화해야 한답니다. 일류대학을 졸업해도 취직이 잘 되지 않아 힘들어하는 사람들도 많아졌고, 꼭 공부를 잘해서 일류대학을 나오는 것만이 성공적인 인생은 아니라는 인식이 생기기 시작했지요. 그래서 무작정 공부만 하라는 말보다는 부모님과 자녀 간에 꿈에 대한 대화를 나누는 것이 좋다는 인식도 생겼지요.

꿈이 생겨야 공부를 하나

그러면서 또 하나 생각하게 되는 주제는 꿈이 생기고 정해져야 공부를 하냐는 것이에요. 어떤 부모님은 자녀의 꿈을 자신들이 정해주는 경우도 있는데, 예를 들어 자녀의 적성과는 상관없이 의사나 변호사가 되라고 강요하는 태도를 말하지요. 화가의 꿈을 가진 아들에게 의사 공부를 강요했다가 나중에 의대를 진학하고 나서 적응하지 못하고 다시 미술대학을 간 사람도 있답니다.

그건 진정한 꿈이라고 말하기 어려워요. 내 적성에 맞고 내가 좋아하고 소질도 있는 그런 쪽의 꿈을 가지는 게 좋겠지요. 그러나 아직도 자신의 적성도 모르겠고 자신의 소질이나 재능도 잘 모른다면 우선 공부를 하면서 찾아가는 것도 필요해요. 시간이 흐르면서 여러 분야의 공부를 하면서 서서히 자신의 꿈을 발견할 수도 있으니까요.

어렸을 때는 미술학원, 음악학원, 웅변학원 등을 다니면서 재능을 찾는 것도 하나의 방법이 될 수 있어요. 그런데 이 시기에 다니는 학원들은 부모님이 가라고 해서 가게 된 경우가 많아서 충분히 재능을 알기 어려울 수도 있어요. 그래서 기다리면서 천천히 꿈을 찾아가는 것도 필요해요. 꿈을 찾지 못했다고 해서 공부에 손을 놓고 있으면, 정말로 꿈이 생겼을 때 공부를 안 해놔서 그 꿈을 실현하기 어려울 수도 있어요. 그렇게 되면 '이럴 줄 알았으면 그때 공부를 좀 하는 건데…'라며 후회하게 되지요.

공부를 하다보면 꿈이 생기기도 해

공부를 한다는 것은 단순히 새로운 지식만을 쌓는 건 아니에요. 또

한 직업을 얻기 위한 목적만 있는 것도 아니고요. 인간과 세계에 대한 깊은 이해와 통찰을 하게 해주고, 내면이 깊은 사람으로 만들어주기도 하지요. 교과서만 공부하는 것이 아니라 철학, 역사, 세계사, 인물, 예술 분야의 책들을 두루 읽다보면 자신의 내면이 풍성해지고 삶의 목적이 더욱 뚜렷해져서 앞으로 자신이 무슨 일을 하면서 살아야 의미 있는 삶인지 더욱 잘 찾아지기도 한답니다.

오직 수능 공부만을 위해 교과서만 공부하는 건 바람직하다고 할 수는 없어요. 그래서 학교 성적은 우수하고 공부는 잘하는데 사회성이 결여되어 있거나 인간관계가 어려운 사람들도 더러 있거든요. 참된 공부란 나 자신의 삶을 풍성하고 윤택하게 만들어주고 타인에게 좋은 영향력을 끼치는 사람으로 성장하게 해주는 중요한 역할을 하게 하지요. 그리고 조금씩 더 아름다운 인생을 만들어가기 위한 꿈이 생기며 보람된 인생을 살게 하는 기초과정이 아닌가 생각해요.

그래서 무조건 공부를 하기 싫은 힘든 과정으로만 생각하지 말고, 나의 삶과 미래를 위해 나 자신을 성장시키고 풍요롭게 만드는 기초적인 노력으로 받아들이고 공부할 수 있는 지금의 시간을 감사한 시간으로 받아들였으면 좋겠어요. 그리고 언젠가 이 공부의 노력이 어떤 형태로든 아름다운 열매로 맺어지면 부모님과 주위 사람들 모두와 함께 기뻐할 수 있길 바랄게요.

[1등이어도
항상 불안하고 겁이 나]

제 공부에 많이 신경 써주시는 부모님 덕분에 어릴 때부터 공부하는 습관이 잘 들여 있다고 생각해요. 특히 아빠는 항상 저를 칭찬해주셨고, 제 점수가 올라갈 때마다 기뻐하셨어요. 그런데 언제부턴가 성적이 떨어질까 봐 걱정이 되기 시작했어요. 성적이 떨어져서 아빠를 실망시키면 안 된다는 생각이 저를 너무 힘들게 해요. 중학교 공부는 쉬워서 반에서 1등을 할 수 있었지만, 고등학교에 가게 되면 저보다 공부 잘하는 애들도 많이 있을 텐데 지금부터 너무 불안해서 죽겠어요. 자꾸 불안해지니까 집중도 안 되고 공부해도 머릿속에 들어오지도 않아요.

_ 나은, 중학교 3학년

2등이 되어도 괜찮다는 마음

공부를 잘하지 못하는 학생들이 들으면 배부른 고민이라고 할 수도 있겠지만, 1등의 고민은 더욱 크다고 생각해요. 1등이 된 학생들은 거의 대부분 다음에는 2등으로 밀려날 수도 있다는 불안감에 시달린다고 들었어요. 특히 부모님은 항상 1등만 해오던 나은이가 성적이 떨어지지 않기를 바랄 것이기 때문에, 부모님을 실망시켜드리고 싶지 않은 마음이 자연스럽게 생기게 되지요.

'아직은 1등을 하지만 고등학교에 가게 되면 더 어려워질 텐데 그때도 1등을 유지할 수 있을까?' 하는 생각이 가장 큰 불안이 되고 있는 것 같아요. 불안을 느끼게 되면 나은이 말처럼 집중력이 저하돼서 공부를 더 못하게 되고, 그러면 정말로 걱정하는 것처럼 성적이 떨어질 수도 있어요. 그래서 이런 생각을 하면 좋겠어요.

"2등이 되어도 괜찮아. 나는 언제나 최선을 다할 테니까."

불안해서 공부를 제대로 못 했기 때문에 성적이 떨어지면 자책감이 더 심해지게 돼요. 불안해하지 않고 편안한 마음으로 지금까지처럼 공부하게 되면 성적이 늘 유지가 되겠지요.

이런 불안을 부모님과 나누기

스스로에게 다짐도 하고 난 후에는 엄마 아빠와 자신의 불안에 대해 이야기를 나누어봐요. 마음속 이야기를 사실 그대로 엄마나 아빠에게 말하면 말하는 순간부터 불안이 사라질 거예요. 그리고 엄마 아빠를 실망시키면 안 된다는 생각 때문에 성적이 떨어지지 않으려고 했다는 생각이 잘못되었다는 걸 알게 될 수도 있어요. 우리가 불안한 이유는 대부분 오해에서 비롯된 것이 많답니다. 상대방의 속마음을 제대로 알지 못하기 때문에 오해하고 자신의 생각으로 판단할 때가 많다는 거죠.

엄마 아빠는 늘 딸이 1등을 했으면 좋겠고, 더 나은 삶을 살았으면 하는 바람을 갖고 계실 거예요. 이런 생각이 나쁜 건 아니죠. 부모는 자녀가 자신보다 더 나은 삶을 살고 행복하게 살길 바라니까요. 그러나 단지 자녀가 1등이 아니기 때문에 실망하고 사랑하지 않는다면, 그건 참된 부모님의 모습은 아닌 거예요.

아마도 부모님이 나은이의 이런 마음을 아시면 몹시 가슴 아파하실지도 몰라요. 나은이가 항상 1등을 해야 한다는 압박감에 시달렸다는 걸 아시면 깜짝 놀라실 거예요. 그러니 이야기를 하는 게 좋아요. 더 이상 오해를 쌓지 않고 서로 마음의 목소리를 나누는 것이 나은이가 편안한 마음으로 공부할 수 있게 만들어줄 거라 생각해요.

만약 1등이 아니면 안 된다고 부모님이 말씀하신다면

용기를 내서 부모님과 대화의 시간을 가졌는데, 부모님은 1등이 아니면 안 된다며 단호하게 말씀하신다면 많이 실망할 것이고 불안이 더 커질 수도 있겠지요. 그래도 용기를 낸 건 잘한 거예요. 부모님이 힘겹게 지금의 자리에서 살고 계신다면 자식에게 거는 기대가 크실 거예요. 그래서 성적이 떨어지면 내 자식도 힘들게 살게 될 것이라는 생각을 늘 하게 되고, 그런 기대감이 알게 모르게 자녀에게 전달될 수도 있어요.

그래서 성적이 오르면 기뻐하다가 성적이 조금만 떨어져도 화를 내거나 야단치는 경우도 생기는데, 이럴 때는 아무리 참으려고 해도 부모님이 원망스럽고 성적에 대한 불안도 자꾸만 커지게 돼요. 부모님이 그런 태도를 가지고 계시다면 조금 더 용기를 내어 이렇게 말해봐요.

"저는 최선을 다해 공부하고 있어요. 꼭 1등만을 해야 한다고 엄마 아빠가 말씀하시면 저는 불안에 떨면서 공부에 집중할 수가 없게 되어 성적이 더 떨어질 수 있어요. 엄마 아빠의 말씀 한마디 한마디는 저에게 큰 영향을 미치니까요. 제 성적이 조금 떨어져도 다음번에 또 회복하면 된다고 격려해주세요. 그러면 제가 부담을 갖지 않고 더 집중해서 공부할 수 있다고 생각해요."

부모님도 자녀의 사리에 맞는 분명한 말에는 수긍하실 거예요. 그러나 아주 간혹 막무가내인 부모님도 있어요. 그럴 경우에는 이런 말을 해도 더 야단치면서 자녀를 더욱 불안하게 만들 수도 있어요. 그러면 어떻게 해야 할까요? 부모님과 진솔한 대화를 해도 안 된다면 자기 자신에게 이렇게 말해주세요.

"부모님이 그런 생각을 가지셔도 어쩔 수 없어. 나는 나니까. 나는 여전히 최선을 다해 공부할거야. 부모님에게 휘둘리지 말자. 칭찬받기 위해서 공부하는 것도 아니야. 나의 미래를 위해 공부하는 거야."

이런 생각을 단호하게 하려면 먼저 자존감이 높아야 해요. 스스로를 존중하고 인정하는 마음을 가져야 해요. 누구와 비교하지 말고 누구의 기대에 맞춰 살려고 하지 말고 자기 자신을 위해 앞으로 나아가야 해요. 지금까지 열심히 공부하며 성실하게 살아왔으니 지금 여기에서 자신을 칭찬해주고 인정해주었으면 해요. 그러면 누구에 의해 휘둘리지 않게 될 것이고, 2등이어도 여전히 괜찮은 나를 인정하게 될 거예요.

노력해도 점수가 안 나와.
머리가 나쁜 거 같아

저는 머리가 나쁜 것 같아요. 아무리 공부해도 잘 외워지지도 않고 수학 같은

과목은 이해도 안 되고 어렵기만 해요. 공부 잘하는 애들 보면 너무 신기하고

부러워요. 저 나름대로 노력을 많이 한다고 하는데도 성적도 안 나오고 부모님

은 이제 포기한 것 같고요. 창피하고 주눅 들고 학교에 가는 것도 싫어요. 선

생님들은 공부 잘하는 애들을 더 좋아하시잖아요. 자신감도 점점 더 떨어지고

어떻게 해야 할지 모르겠어요. 머리가 나쁜 건 어떻게 바꿀 수가 없잖아요.

어떻게 해야 돼요?

_ 지후, 중학교 2학년

정말 머리가 나빠서 공부를 못할까요?

지후는 공부를 잘하고 싶은데 성적이 잘 안 나오니까 머리가 나빠서 그런 것 같다고 느끼고 있네요. 정말 머리가 나쁜 걸까요? 어떤 연구 결과를 보면 IQ지수가 낮은 그룹이 집중력 있게 공부하면 상대적으로 IQ가 높지만 집중력 없는 학생보다 성적이 좋게 나왔대요.

지능이 낮다고 공부를 못하는 건 아닌 거죠. 아무리 지능이 천재처럼 높아도 집중력이 떨어져 산만해지면 성적이 떨어지게 되어 있어요. 집중력은 마음에 불안이 생기면 떨어지게 되지요. 지후의 마음을 한번 들여다보세요. 최근에 불안해질 만한 일이 있었는지 생각해보고, 최근에 없었다면 조금 더 시간을 거슬러 올라가서 더 어렸을 때 뭔가에 불안해했는지 생각해보세요.

예를 들어, 부모님이 자주 싸웠다든지, 체벌을 자주 당했다든지, 친구들이 왕따를 시켰다든지…. 그런 일이 있었다면 불안이 마음속에 가득해졌을 거예요. 사람은 불안이 생기면 안절부절 못하게 되고 생각이 많아져서 집중력이 점점 사라지게 되는데, 이런 경우 ADHD진단을 받기도 해요.

노력해도 성적이 안 나오는 이유

집중력이 떨어지면 책상 앞에 열 시간을 앉아 있어도 능률이 오르지 않고 딴 생각만 자꾸 나고 공부에 집중할 수가 없게 되지요. 한 시간을 앉아서 공부해도 집중하게 되면 훨씬 능률적으로 공부를 할 수 있어요. 그런데 불안하니까 더 오래 책상 앞에 앉아서 노력하게 될 거예요. 그리고 이렇게 노력했는데도 성적이 안 나오니까 '나는 안 되나 봐, 난 머리가 나쁜가 봐'라고 자책하게 되는 거예요.

뭔가 불안하고 초조해지고 집중이 잘 안 되면 책상 앞에서만 시간을 보내지 말고 일어나서 집 근처 공원을 걸어봐요. 바람소리, 새소리를 들으며 조금 힘차게 걷는 거예요. 아마 한 시간쯤 걷고 나면 머릿속이 청소가 된 것처럼 개운해지고 맑아지는 느낌이 들 거예요. 그리고 나서 집에 가서 샤워를 하고 책상 앞에 앉아 공부를 해봐요. 비록 짧은 시간이라도 집중이 잘 돼서 공부도 잘 될 거예요. 괜히 오래 앉아만 있다 보면 공부를 많이 하는데도 나는 머리가 나빠 안 된다는 부정적인 생각만 많이 하게 돼요. 투자한 시간에 비해 효율적으로 공부를 하기 어려워요.

성적이 나쁘면 창피하고 주눅 들어야 하나요?

학교에서는 성적이 좋은 학생들이 우대받는 느낌이 들 수 있어요. 학교 위상을 높이기 위해서는 아무래도 공부 잘하는 학생이나 일류대학을 많이 가는 학생을 원할 수 있지요. 그리고 학교라는 특수한 환경은 공부를 잘하고 인성을 길러 장차 사회에 잘 적응하고 기여하는 사람을 배출하는 것이 최우선 목표가 되는 곳이니까요.

그런데 공부를 잘하는 학생은 학생대로 스트레스가 있고, 공부를 못하는 학생은 또 이 학생대로 스트레스가 있어요. 각자 스트레스의 종류가 다를 뿐이지요. 공부 잘하는 학생은 학교 선생님들께 주목을 받게 되고 기대를 많이 하시기 때문에 성적이 떨어지면 안 된다는 압박감이 있고요. 공부를 잘 못한다고 생각하는 학생은 자신에게 관심도 보이지 않는 선생님이 야속하게 느껴질 수 있어요.

때론 성적이 나쁠 때도 있겠지만 주눅 들지 않았으면 좋겠어요. 공부를 잘하고 싶은 이유가 자신이 세운 꿈과 비전 때문이라면 공부가 잘 안 되는 이유도 찾고, 공부를 잘할 수 있는 방법도 모색해야 되겠지요. 그런데 학교에서 하는 공부가 아닌 다른 곳에 자신의 꿈이 있을 수도 있어요.

예를 들면, 그림이나 체육, 음악, 요리, 미용 등에 더 관심이 갈 수도 있어요. 그러면 그 분야의 공부에 매진하고 학과도 그쪽으로 알아보면 좋을 거예요. 남들이 다 가는 길을 가지 않는다고 불안해할 필요는 없어요. 어떤 사람은 공부를 많이 하지는 못했지만 유명한 헤어 디자이너가 되거나 뛰어난 요리사가 된 경우도 있으니까요.

그리고 다른 아이들보다 공부가 뒤처졌다고 해도 자꾸 자신을 못나게 생각하지 말아요. '나는 내게 있는 재능을 발휘할거야'라고 생각하며 자신감을 가졌으면 해요.

성적 때문에 매사에 떨어진 자신감

공부를 잘 못하는 이유 중에는 자꾸 자신감이 떨어져서 '나는 공부를 잘하지 못할 거야. 앞으로도 이 모양일 거야'라고 생각하게 되는 문제가 있어요. 자신이 잘하는 것이 뭔지 자신의 재능이 뭔지를 발견하고, 자신감을 회복했으면 좋겠어요.

아직 중학생이니까 앞으로 학교에 다녀야 할 시간이 많이 남았어요. 그래서 더 암담하다는 생각이 들 수도 있지만 생각을 조금만 바꿔볼래요? '지금부터라도 내가 할 수 있는 만큼 최선을 다해보자!'라는 생각을 가지고 임하면 좋겠어요. 이런 생각이 자신감을 조금씩 회복시키고 공부할 때 집중도 더 잘 되게 한답니다. 공부를 해도 실력이 늘지 않는다면 공부 방법에 문제는 없는지 점검해보고, 선생님이나 부모님께 도움을 요청해봐요. 혼자 해결되지 않는 것도 누군가의 도움을 받는다면 쉽게 해결된다는 것을 경험했으면 좋겠어요.

이런 고민은 학생이라면 누구나 하게 되는 고민이에요. 그런데 '나는 공부 못하는 학생'이라는 자기 인식은 자존감을 갉아 먹고 지치게 만들어요. 그 생각 대신 '나는 아직 내게 맞는 공부 방법을 발견하지 못한 학생'이라는 생각을 하고 조금씩 방법을 찾아가며 노력해봐요. 내게 맞는 공부 방법을 찾아서 노력하다 보면 일 년쯤 지난 후에는 성적이 많이 올라 있을 거예요. 꼭 자신감을 가지고 조금씩 노력해 나가봐요.

공부가 정말 싫은데
어른들은 자꾸 공부를 강요해

준서의 이야기

저는요, 초등학교 때도 학원을 네 개나 다녔어요. 그때는 무조건 가라고 하니까 가야 하는 줄 알았고요, 이제는 학원 같은 데도 안 다니고 싶고 공부 자체가 하기 싫어졌어요. 왜 공부를 해야 하는지도 모르겠고 공부하는 건 정말 싫어요. 공부 못하면 살 수가 없나요? 어른들이 다 공부 잘해서 성공하는 것도 아니잖아요. 엄마 아빠도 선생님도 모두 다 공부만 하라고 해요. 공부, 공부 소리도 듣기 싫어요.

_ 준서, 중학교 1학년

무조건 다녀야 하는 학원

청소년들이 하는 공통적인 고민 중에 가장 많은 고민이 '공부'이다 보니 준서도 비슷한 고민이 있군요. 아마 지금 학생들은 거의 다 여러 학원을 다니고 있을 거라 생각해요. 대부분 학원을 여러 군데씩 다니다 보니 밖에서 놀고 있는 아이들을 보기가 어려워졌지요. 친구를 만나려면 학원을 다녀야 하고 공부만을 위해 태어난 것처럼 생각할 수 있을 만큼 어른들은 공부하라는 소리를 많이 하죠.

많은 엄마들은 '내 아이만 뒤처질까 봐' 학원을 보내고 있답니다. 선행학습을 하지 않으면 내 아이가 뒤처지고 공부를 따라가지 못할까 봐 엄마들은 여러 종류의 학원에서 공부하면 좋을 것이라고 생각하지요. 엄마의 생각을 충분히 알지 못한 채 가기 싫은 학원을 억지로 다니다 보면 너무 피곤하고 지쳐서 짜증만 날 거예요.

지금부터라도 학원을 가야 하는지 그만 둬야 하는지 엄마 아빠와 깊은 대화를 나눠보세요. 그리고 자신에게 필요한 한두 곳만 가는 건 어떨지 생각해봐요. 만약 수학이 부족하다면 수학학원에 가서 설명을 들으면 도움이 되겠지요. 자신에게 부족한 과목만 다니면 어떻겠냐고 부모님과 상의해보세요.

공부를 억지로 하면 흥미가 떨어져

공부가 재미있다는 사람은 아마도 거의 없을 거예요. 공부는 내가 이루고 싶은 그 무엇을 이루기 위한 과정이니까 하기 싫어도 해야 하는데, 너무 억지로 공부만 붙들고 있게 되면 점점 더 흥미를 잃게 되지요. 축구나 농구와 같은 운동을 통해 땀 흘리는 시간도 필요하고, 자신이 관심 있는 분야의 책을 읽는 시간도 가지면서 다시 책상에 앉아 공부를 시작하면 훨씬 집중이 잘 될 거예요.

누구든 억지로 뭔가를 해야 한다면 재미도 없고 지겨워져서 지치게 되어 있어요. 그래서 앞으로 자신이 되고자 하는 꿈과 목표가 있어야 해요. 꿈과 목표가 있으면 힘들고 지쳐도 포기하지 않고 할 수 있게 된답니다.

공부, 지긋지긋한데 이제 어떡하지?

공부에 대한 강요를 받은 상태라면 공부는 지긋지긋한 문젯거리가 되고 말지요. 그러면 공부는 나를 괴롭히는 원수라는 생각만 들고, 자신은 공부와는 맞지 않는 사람이라는 생각이 자꾸 들게 되어요. 아마 억지로 학원을 가고 억지로 공부를 해야 한다고 강요받다 보니까 점점 더 공부를 못하게 된 것 같아요.

그러니 걱정하지 말고 지금부터라도 다시 시작해봐요. 지금까지 들었던 강요받은 말들을 털어버리고 자신이 공부를 해야 하는 이유를 열 가지쯤 써서 책상 앞에 붙여 놓아요. 그리고 조금씩 집중하며 좋아하는 과목부터 공부를 시작해보세요.

아마 조금씩 흥미가 붙을 거예요. 좋아하는 과목을 하다 보면 재미가 붙고 공부에 대한 부정적인 인식이 점점 없어지는 걸 경험하게 될 거예요. 성적이 한순간에 좋아지는 건 아니지만 우선 암기 과목부터 시작하고, 조금씩 자신감이 붙으면 어렵다고 생각하던 과목도 도전할 수 있을 거예요.

과연 지금부터라도 공부가 좋아질까?

너무 늦은 때란 없어요. 지금부터라도 흥미를 가지게 되면 할 수 있어요. 늦었다고 포기하지 말고 다시 시작해요. 초등학교 때 배웠던 내용이 이해가 되지 않으면 다시 거기서부터 시작하면 돼요. 다른 아이들보다 조금 더 시간을 내야 하겠지만 공부는 가속도가 붙게 되어 있어요. 처음이 힘들지 시작하고 나면 조금씩 자신감이 붙어서 할 수 있다는 생각도 생길 거예요.

어쩌면 성적이 좋지 않아도 노력하지 않는 이유 중 하나가 해도 안 될 거라는 추측을 많이 하기 때문이지요. 안 될 거라는 부정적인 생각이 공부를 아예 하지 못하게 막는 주범이지요. 다시 한 번 힘을 내볼래요? 지나간 학년 과목들을 다시 살펴보는 건 어떨까요? 지금부터라도 하면 된다는 긍정적인 생각과 말을 하면서 시도해본다면 분명히 해낼 수 있을 거예요. 다만 처음부터 오랜 시간 동안 책상 앞에서 견디지는 말고 처음에는 한 시간만, 그 다음부터 시간을 점점 늘려가면서 집중하는 연습을 해봐요. 너무 산만해져서 공부가 안 될 때는 집 밖으로 나와서 근처 공원을 걸어봐도 좋아요. 그리고 다시 시도해봐요.

몇 번 실패한다 해도 괜찮아요. 또다시 시도하면 되니까. 내가 할 수 있는 분량만큼 서서히 공부의 양을 늘리고, 불필요한 학원은 끊겠다고 부모님께 말씀드리세요. 공부에 대한 의지를 보이면 부모님도 찬성하실 거예요. 자, 이제 준서가 할 일은 시도를 해보는 것. 이제 시작이에요.

성적이 낮다는 이유로
선생님이 나를 무시했어

학교에서 보내는 시간이 너무 많잖아요. 친구랑 수다 떨고 노는 건 재미있어요. 근데 제가 성적이 '중하' 이하거든요. 한번은 선생님이 저를 대놓고 뭐라 하시면서 야단치는 거예요. 반 애들이 다 듣고 있는 데서요. 넌 그렇게 공부해서 앞으로 어쩌려고 그러냐고. 그래 가지고 대학이나 가겠냐고. 저 혼자 있는 데서 그러면 그래도 좀 나았을 텐데, 애들이 다 듣는데 저를 막 야단치고 공부 못한다고 무시하시니까 정말 속상했어요. 그때부터 애들도 저를 무시하는 것 같고요. 선생님이 그러시면 안 되는 거잖아요.

_ 세나, 중학교 3학년

성적이 낮다는 이유로 나를 무시하는 시선들

세나는 친구도 많고 학교에서 보내는 시간이 즐겁군요. 그것도 참 중요하죠. 친구들과 즐겁게 어울리는 학교생활은 많은 추억을 남기게 하니까요. 그런데 문제는 선생님이 성적에 대해 좋지 않게 말씀하시는 게 힘들군요.

대부분의 선생님들은 학생들이 공부를 잘하길 바라시죠. 그리고 선생님의 학급 학생들은 모두 좋은 성적을 받아 잘 되길 바라실 거예요. 그런데 선생님들 중에는 성적이 낮은 학생들을 너무 심하게 혼내시는 분들도 계시는 것 같아요. 그 이유는 학생들이 잘 되길 바라는 마음이 바탕에 있는 것이지만, 겉으로 보기엔 공부 못한다고 무시하는 것처럼 보이기도 하지요.

더구나 혼내실 때도 반 아이들이 다 보고 듣는 가운데 혼내시는 건 피해주셔야 하는데 그건 선생님이 잘못하신 것 같아요. 공부 못한다고 애들 앞에서 혼을 내시면 애들이 '쟤는 공부 못하는 애야'라고 생각하고 자기도 모르게 무시하는 태도를 가지게 될 수도 있으니까요. 그래서 그때부터 애들도 다 세나를 무시하는 것처럼 보였군요. 얼마나 마음이 아프고 불편했을까요.

선생님이 야단만 치는데 어쩌지?

만약 선생님이 계속해서 성적이 낮은 것 때문에 야단을 치시고 혼을 내신다면 따로 면담을 요청해보세요. 그리고 선생님께 말씀드려봐요. 반 애들 앞에서 혼을 내시지 마시라고, 그리고 세나도 선생님께 약속을 하세요. "저도 성적을 올리려고 좀 더 노력하겠습니다"라고.

노력하겠다는 학생을 계속 야단치는 선생님은 안 계실 거예요. 세나가 기본적으로 꼭 기억해야 하는 것은 선생님은 내가 미워서 혼내는 것이 아니라는 사실이에요. 그리고 일부러 창피를 주려고 그러시는 것도 아니지요.

"선생님은 제가 잘 되라고 야단치시는 거죠?"라고 분명하게 여쭤보는 것도 한 방법이에요. 계속 혼이 나고 주눅 들면 큰일이에요. 선생님도 세나가 말하지 않으면 세나의 기분을 잘 아시지 못해요. '자극이 됐으니까 이제 공부를 하겠지'라고만 생각하실 거예요.

반 애들도 나를 무시해

우선 반 애들 앞에서 혼이 나는 건 상처가 될 것 같아요. 선생님과 면담할 때 반 애들 앞에서는 혼내지 마시라고 부탁하세요. 그리고 반 애들 앞에서 저를 혼내시면 아이들이 저를 무시해서 더 힘들어지고 공부가 더 안 된다고 말해보세요.

세나뿐만 아니라 적어도 절반 이상의 아이들은 자신의 성적이 낮다고 생각할 거예요. 그래서 세나가 혼날 때 자기들도 혼나는 기분이 들 수 있어요. 같은 기분인데 무조건 세나를 무시하지는 않아요. 그렇게 무시당한다고 느끼지 않았으면 좋겠어요.

그리고 친한 몇 명에게 "선생님이 애들 앞에서 나를 혼내니까 애들이 무시하는 느낌이 들어서 정말 힘들어"라고 말하세요. 친한 친구들에게 털어놓고 나면 더 이상 상처로 남지는 않아요. 그리고 다른 애들이 무시할 거라는 생각에서 벗어나도록 노력해봐요.

공부 못하면 아무것도 못하나요?

만약 세나가 하고 싶은 꿈이 분명하다면 그 분야에 대해서 연구하고 공부해서 학과를 정하면 되지요. 그러나 만약 꿈이 분명하지 않다면 꿈을 찾을 때까지는 성적을 위해 노력하는 자세가 필요해요. 왜냐하면 막상 꿈이 생겼는데 성적이 높아야 이루어지는 꿈이라면 그때 무척 후회하게 되니까요.

공부를 못하고 성적이 나쁘다고 인생이 망하는 건 아니지요. 그러나 모든 사람은 자아실현을 하면서 자기 꿈을 이루며 살 때 행복해져요. 미래의 삶이 행복하고 기쁨 가득한 삶이 되려면 지금 힘들고 어려워도 헤쳐 나가는 자세가 꼭 필요하답니다.

공부를 무조건 좋아서 하는 것도 아니지만, 누구에게 인정받고 보여주려고 하는 게 아니라는 걸 알았으면 좋겠어요. 자신의 소중한 꿈을 이루기 위해서 하는 공부여야 된다고 생각해요. 그래야 쉽게 지치지 않고 끝까지 해낼 수 있으니까요.

지금까지 무시당했다고 생각하는 상처 난 마음을 치유하고 씻어낸 후, 새로운 각오와 다짐으로 나아가봐요. 누구에게 잘 보이기 위해서가 아닌 순수하게 나 자신을 위한 공부를 해야겠다고 생각하기 시작한다면 분명히 성적은 오를 거예요.

부모님의 버거운 기대,
쫓기듯 공부하며 살고 있어

부모님이 저에게 거는 기대가 너무 커요. 제가 외동이라서 어쩌면 당연하겠

지만 어릴 때부터 저에게 너무 큰 기대를 거는 말씀을 하셔서 거기에 짓눌려

버린 것 같아요. 부모님 두 분 모두 다 너무 가난해서 공부하고 싶었지만 대학

을 못 가시고 직장생활을 일찍 하셨대요. 그래서 저만큼은 일류대학에 가서

버젓이 대우받고 살게 하고 싶다고 저만 보면 얘기하세요. 부모님이 이해 안

되는 건 아니지만 이젠 지겨워요. 그래도 어쨌든 저는 학생이니까 열심히 공

부하려 하는데 생각만큼 성적이 좋지 않아서 항상 불안하고 걱정돼요.

_ 시우, 고등학교 2학년

부모님의 지나친 기대

모든 부모님들은 자식이 나보다 더 잘 되고 더 행복하게 살았으면 좋겠다고 생각하세요. 시우의 부모님도 그러실 거예요. 대학에 가고 싶었지만 가난해서 이루지 못한 꿈을 자식이 이루기를 바라는 마음도 인지상정일 거예요.

물론 부모님의 과잉 기대가 자녀를 힘들게 하는 면은 분명히 있어요. 자녀의 재능이나 적성은 전혀 고려하지 않고 부모님이 되고 싶었던 직업을 강요하는 부모님을 만난 적도 있어요. 부모님 세대는 공부를 잘하면 일류 기업에 취직하거나 의사나 변호사가 되어 부유함을 누릴 수 있었어요. 가난하고 먹고 살기 힘든 시대였기 때문에 공부를 열심히 해서 좋은 직장에 들어가서 잘 살고 싶은 열망이 가득했던 시대였죠. 그래서 부모님의 사고방식이나 가치관을 너무 나쁘게만 보기도 힘들지요. 그분들도 힘든 시간을 견디며 지금까지 살아오셨고 자식을 낳아 기르며 최선을 다해 오셨으니까요.

아무리 노력해도 기대에 못 미쳐요

"저는 나름대로 열심히 노력하고 성적도 많이 올랐어요. 그런데도 부모님은 칭찬 한 번 하지 않으시고 계속 1등만 하라며 재촉하세요. 이제 저도 지쳤어요"라고 어떤 친구가 말한 적이 있어요. 아무리 노력해도 부모님의 기대에 미치지 못한다는 생각이 좌절감을 키우고 포기하게 만들기도 하는 걸 보면서 많이 안타까웠어요.

부모님이 힘들게 살아오셨기 때문에 자식에게는 힘든 삶을 물려주고 싶지 않다는 강렬한 바람이 오히려 자녀를 힘들게 하고 있어요. 그런 부모님에게 나는 이렇게 말씀드린답니다. "아이가 노력하는 모습만 보여도 칭찬해주고 격려해주세요"라고. 시우도 엄마 아빠에게 이렇게 말해볼래요?

"엄마 아빠, 저도 노력하고 있어요. 계속 노력할 거예요. 그런데도 부모님이 바라는 만큼 성적이 안 오를 수 있어요. 그래도 저를 인정해주시고 칭찬해주세요. 노력한 부분만큼이라도 인정해주세요. 그러면 더 열심히 잘 해나갈 것 같아요."

부모님의 기대를 넘어서서

부모님은 본인들 삶의 경험 속에 생긴 가치관으로 자녀를 양육하고 자녀에게 여러 가지 요구를 하시게 되어 있어요. 그래서 좀 더 중요한 부분은 부모님의 기대에만 부응하려고 하지 말고 부모님의 기대를 넘어서서 나만의 삶의 세계를 그려보고 조금씩 견고하게 꿈과 비전을 세워가는 것. 그것이 참 중요해요.

때로는 부모님의 기대가 부담스럽고 짜증날 때가 있어도 "부모님은 나를 위해서 기대하시는 거야. 그럴 수밖에 없어. 그렇지만 나는 나의 길을 잘 걸어갈 거야. 언젠가 부모님도 나를 이해하실 거야"라고 느긋한 마음으로 여유를 가지고 생각하는 태도가 필요해요.

부모님의 기대가 싫고 짜증난다고 해서 막 화를 내고 짜증을 부리면 부모님도 이해를 못하시고 혼을 내시게 되지요. 그러면 또 상처를 받고 모든 걸 더 포기하고 싶어지고요. 이렇게 되면 부모 자녀 사이에 앙금이 조금씩 생기고 어느 사이에 멀어지게 되지요. 그러면 안 돼요. 부모님이 자신을 다 이해하지 못하시는 것 같더라도 어느 정도는 받아들이고, 세대 차이와 가치관의 차이로 인식하여 상처받지 않으려는 태도를 가져야 해요. 모든 부모님은 자식이 잘 되길 바라니까요.

시간이 좀 더 지나고 나면

또한 지금은 이해되지 않는 부모님의 태도가 좀 더 성숙해지고 나면 충분히 이해가 되기도 해요. 그럴 때까지 너무 서로의 마음을 상하게 하면 안 돼요. 사춘기 때니까 짜증이 더욱 잘 나기도 하겠지만 짜증 내고 소리 지른다고 해결되는 건 없어요. 오히려 대화를 하고 자신의 감정을 표현하는 게 중요하지요.

부모님의 기대는 나를 위한 것이라 해도 너무 심한 강요는 힘들다는 것을 표현하세요. 그리고 자기 자신이 원하고 이루고 싶은 것을 찾아가는 과정을 거칠 때 마음이 평온해지고, 공부에 더 잘 집중하게 된다는 사실을 꼭 기억하길 바라요.

상처를 치유하는 시간

시치료

시치료

인터넷이나 시집에서 자신의 마음에 드는 시 한 편을 고릅니다. 이 시에 대한 자신의 느낌과 자신의 경험을 노트에 써봅니다. 그리고 쓴 내용을 소리 내어 읽어봅니다. 또 한 가지 방법은 자신이 고른 시와 비슷하게 모방해서 자신의 시를 지어보는 것입니다. 잘 써야 된다는 생각은 하지 않아도 됩니다. 이렇게 쓴 시를 큰 소리로 읽어봅니다. 그 시의 감정을 느껴보고 그 감정도 써봅니다. (만약 여러 사람이 모여서 이런 방법을 할 수 있을 때는 한 사람씩 발표를 합니다. 그 발표를 듣고 여러 사람이 피드백을 들려주고 격려해줍니다. 이런 방법은 발표자의 자존감을 높여줍니다.)

시치료로 도움을 받은 사례

고등학생인 B양은 시를 좋아한다고 했어요. B양은 오랫동안 생각해야 말할 수 있을 만큼 아주 내향적인 성격이었는데, 시를 읽고 자기 감정을 이입해서 이야기하는 것은 잘할 수 있었어요. 그래서 자신이 고른 시를 자신의 감정으로 풀어내도록 했어요. 그 중에 저자의 시와 훌륭한 시인들의 시를 감상하고 난 후 느낀 감정에 대해 쓴 글을 소개할게요.

고통의 강을 거슬러 치유를 이루다

강선영

이제 마지막으로 내가

넘어가야 할, 그 강인가 보다

검은 물결이 출렁이며

무섭게 흐르는, 강

늘 마지막이라 여겼던

검은 고통의 꽃잎, 남은

마지막 한 장을

이제 막 뜯어냈다

뚝, 검은 피가 마룻바닥에

커다란 검은 물방울로 떨어진다

검은 원은 강물 속으로, 떠내려간다

떠내려가고 있다

이젠, 눈물도 검은색이다

내 검은 눈물방울에, 잠시

숨을 멈춘 강물도 검은색이다

더 이상 울지 않는 사람들이

강둑에 서서 손을 흔든다

마지막 고통과의 결별의 인사

그리고 그들의

마음을 다한 환대

그들의 마음을 느끼며 나도, 미소를

보낸다, 고통의 시간을 거슬러

이제 조금만 견디면 이 고통의 검은 시간이

강물 속에 떠내려가리라 믿는다

공포의 핏빛 고통을 밟으며

또는 거슬러 올라가며

용감한 치유의 행렬, 하늘의 환대에

기쁨이 조금씩 느껴지기 시작한다

이제, 미지의 세계가, 눈부시게

열리고 있다

▶ 이 시를 읽을 때 뭔가 마음이 찡했다. 마치 내 마음을 대변하는 것 같다. 언젠가 내가 흘린 눈물이 검은 색 피 같다는 생각을 했다. 박사님과 상담하면서 박사님도 눈물을 많이 흘리셨다고 말씀해주셨는데 나도 너무 많은 눈물을 흘려서 이러다가 미치는 게 아닌가 생각했었다. 그런데 눈물을 못 흘리면 더 문제라는 걸 알게 됐다. 내 고통의 시간이 검은 시간의 흐름 속에 흘러내려가 치유되고 행복해졌으면 좋겠다. 나도 기쁨을 느끼고 싶다. 이 시의 마지막에 '미지의 세계가 눈부시게 열리고 있다'는 부분이 참 좋다. 나도 그런 희망을 가지려고 한다.

(앞의 글처럼 시를 읽고 느낀 것들을 글로 표현해보세요.)

서시

윤동주

죽는 날까지 하늘을 우러러
한 점 부끄럼이 없기를,
잎새에 이는 바람에도
나는 괴로워했다.
별을 노래하는 마음으로
모든 죽어가는 것을 사랑해야지
그리고 나한테 주어진 길을
걸어가야겠다.

오늘밤에도 별이 바람에 스치운다.

▶ 윤동주 시인은 정말 감수성이 뛰어난 분인 것 같다. 이 분의 시를 읽을
때면 내 마음에 잔잔한 물결이 일렁이는 것 같다. 윤동주 시인도 많이 괴
로웠나 보다. 부끄러움 때문에 괴로웠나 보다. 나도 그렇다. 나는 항상 부
끄럽고 나 자신을 자꾸 몰아붙인다. 그런데 윤동주 시인은 모든 걸 사랑
하겠다고 한다. 나도 그러고 싶은데 아직도 나는 많이 힘들다. 그러나 힘
든 마음을 극복하고 나한테 주어진 길을 걸어가고 싶다. 꼭 그래야 겠다.

(앞의 글처럼 시를 읽고 느낀 것들을 글로 표현해보세요.)

꽃

김춘수

내가 그의 이름을 불러 주기 전에는

그는 다만

하나의 몸짓에 지나지 않았다.

내가 그의 이름을 불러 주었을 때

그는 나에게로 와서

꽃이 되었다.

내가 그의 이름을 불러 준 것처럼

나의 이 빛깔과 향기(香氣)에 알맞은

누가 나의 이름을 불러다오.

그에게로 가서 나도

그의 꽃이 되고 싶다.

우리들은 모두

무엇이 되고 싶다.

너는 나에게 나는 너에게

잊혀지지 않는 하나의 눈짓이 되고 싶다.

➡ 이름을 불러주었을 때 꽃이 된다는 이 시는 뭔가 감동을 준다. 누가 내 이름을 다정하게 불러주었으면 좋겠다. 내가 이런 생각을 하는 것처럼 우리 모두는 누구에겐가 중요한 존재가 되고 싶은 것이다. 엄마 아빠도 나를 다정하게 불러주셨으면 좋겠다. 그리고 선생님도 친구들도 나를 다정하게 불러주었으면 좋겠다. 그러면 나도 꽃이 될 수 있을 것 같다.

(앞의 글처럼 시를 읽고 느낀 것들을 글로 표현해보세요.)

PART

3

엉망진창 우리 집,
집이 너무 불편해

가족

매일 싸우시는 부모님,
나도 이제 지겨워

수영이 이야기

우리 집은 조용할 날이 거의 없어요. 부모님은 별 거 아닌 일에도 언성을 높이

고 싸우세요. 특히 아빠가 술을 마시고 들어오시는 날은 정말 전쟁 난 것 같아

요. 저랑 동생이 맨날 부모님 싸움을 말리는데 한번은 아빠가 밀치는 바람에

동생이 모퉁이에 부딪혀 이마를 다친 적도 있어요. 부모님은 왜 애들처럼 맨날

싸우실까요? 자식들 보기에 창피하지 않나 몰라요. 전 어른이 되면 절대 안

싸울 거예요. 이젠 그만 싸우시라고 제가 얘기해도 전혀 듣지 않아요. 빨리

어른이 돼서 이런 집을 떠나고 싶어요. 엄마 아빠의 싸우는 모습도 보기 싫고,

화난 말투도 더 이상 듣기가 싫어요.

_ 수영, 중학교 2학년

부모님은 어른들인데 왜 싸우실까

수영이는 지금까지 자라오면서 싸웠던 경험이 있나요? 누구랑 싸워 봤나요? 싸울 때는 이유 없이 싸우진 않지요? 싸우는 상대가 뭔가 억울하게 했거나 화가 나게 했거나 무슨 이유가 있을 거예요. 아이나 어른이나 서로의 관계 속에서 갈등이 생기면 싸우게 되는데 부모님도 마찬가지예요.

특히 엄마 아빠는 가정을 꾸려가면서 생기는 많은 문제를 만나게 되는데 이때 의견 충돌이 일어나거나 상대방이 못마땅하게 생각할 만한 일이 생기면 그에 대한 잘못을 지적하게 되겠지요. 만약 상대방이 잘못을 곧바로 시인하면 싸움이 일어나지 않고 곧바로 해결되겠지만, 서로 옳다고 주장하게 된다면 싸움이 일어나게 되겠죠.

어른도 아이들과 마찬가지로 싸울 수 있다는 건 알겠지요? 싸우는 자세와 태도가 아이들과 달라야 하는데 좀 더 이성적으로 차분한 대화로 갈등을 풀어야 해요. 그러나 그렇지 못할 때는 부모님의 과격한 싸움이 자녀들에게 불안감을 주게 돼요.

술은 왜 마시고 오셔서 더 크게 싸우실까

평소에 술을 잘 마시는 사람은 기분이 나쁠 때 술을 더 마시게 돼요. 술을 마시면 스트레스가 풀린다고 생각하기 때문이죠. 그런데 기분이 나쁠 때 술을 마시면 평소에는 조용하던 사람도 술에 취해서 더 난폭하게 돌변하는 경우가 있어요. 그래서 술은 기분 나쁠 때는 피해야 할 것 같아요.

술을 마셔서 힘든 감정과 상황에서 벗어나고 싶다는 마음에 술에 기대는 것인데, 아마도 '아빠에게 힘든 일이 있지 않을까' 하는 생각도 들어요. 아빠에게 말을 걸어보세요. "아빠, 요즘 힘든 일 있으세요?"라고. 아마 어린 자녀에게 시시콜콜 모든 걸 털어놓을 아빠는 거의 없겠지만, 그래도 그 한마디가 아빠에게 힘을 줄 수도 있어요.

하지만 술에 기대고 의존한다고 해결되는 것은 없잖아요. 아빠가 술을 안 마셨으면 좋겠다고 기회 있을 때마다 말을 해도 좋아요. 아빠가 지금 힘든 일이 있다면 벗어나고 싶어서 술을 마시는 걸 수도 있어요. 어른이 되면 힘든 일이 더 많아서 이것을 술로 푸는 어른들이 있는데, 힘든 일을 술로 해결하면 술기운에 폭력적으로 변하기도 하고요. 아빠의 행동을 돌아보게 하기 위해서는 아빠의 마음속 소리를 누군가 들어주면 좋을 텐데 아빠에게 이렇게 따뜻한 말 한마디 건네볼래요?

"아빠가 술을 마시지 않고 집에 오면 좋겠어요. 그렇지만 술을 마신 아빠도 사랑해요."

비난하고 외면하는 것보다는 술을 마셔야만 하는 그 마음을 이해해주면 술을 덜 마시게 되고 아빠로서 하지 말아야 할 행동에 대해서도 생각하게 될 거예요.

싸우는 게 꼭 나쁜 건 아니야

갈등이 쌓이고 감정이 나빠지는데도 참고 있으면 그건 시한폭탄이 되어 언젠가는 터져 나오게 돼요. 종종 싸우는 것이 갈등을 해소하게 하고, 서로를 이해하게 하는 지름길이 되기도 하지요. 그런데 싸울 때 폭력과 폭언을 쓰는 건 잘못이에요.

부드러운 말투로 합리적으로 싸울 수도 있어요. 상대방을 논리적으로 설득하거나 자신의 주장을 할 때 화부터 내지 말고 차분히 대화로 푸는 거지요. 대부분 다른 사람이 자신의 주장에 반대할 때, 비난받는다고 생각하거나 무시당한다고 생각하기 때문에 필요 이상으로 화가 나게 되는 거죠. 화를 내면서 싸우면 서로의 감정을 다치게 하고 해결보다는 갈등을 더 키우게 돼요. 그래서 화내지 않으면서 잘 싸우는 기술이 필요해요.

부르르 끓어오르는 감정을 내리기 위해 심호흡도 하고, 조금 시간이 지난 후 대화를 시도하는 것도 좋겠죠. 잘 싸운다는 건 서로 의견이 달라도 대화로 풀어나가는 걸 말해요.

부모님이 싸우실 때 느끼는 감정

부모님이 싸우시는 소리가 나면 '불안'이 먼저 올라오게 돼요. 특히 어릴 때는 더 심하게 불안해요. 그리고 '나 때문에 싸우는 것이 아닐까'

라는 생각이 들게 되어 아무 잘못이 없는데도 자책감이 들게 될 수도 있어요. 수영이 잘못이 아니에요. 내 잘못이라는 생각은 좋지 않아요. 어른들의 세계는 청소년 시기보다 훨씬 복잡하답니다.

부모님이 싸우실 때는 '나를 버리시면 어떡하나'라는 걱정도 생기게 돼요. '내가 잘하면 부모님이 싸우지 않을지도 몰라'라는 생각도 하게 되지요. 그런 생각을 자꾸 하면서 자라게 되면 부모님 눈치를 보게 되고 불안이 습관처럼 내면에 쌓여 굳어져 가게 됩니다.

부모님이 싸우실 때 난 뭘 해야 하나

부모님이 아주 과격하게 싸우실 때는 조용히 싸우시라고 말을 해봐요. 너무 자주 중재자 역할을 하는 것도 좋지 않아요. 가끔 가족 전체의 대화를 통해서 엄마 아빠가 싸우실 때 자신의 느낌과 감정을 솔직하게 말해봐요. 자녀가 부모님에 대한 감정을 이야기하면 부모님도 깨닫게 되신답니다. 왜냐하면 부모님이 싸우실 때는 감정이 격앙되어 있어서 자녀의 감정을 살펴볼 겨를이 없거든요. 그래서 대화가 필요해요.

대화는 부모님이 싸우지 않으실 때 하는 게 좋아요. 그리고 수영이가 엄마 아빠에게 감정을 이야기하면 그때서야 비로소 엄마 아빠는 자식 앞에서 싸우는 게 좋지 않다는 것을 깨닫게 되고 잘못했다는 생각을 하시게 될 거예요.

그러니 싫어하고 불안해만 하기보다는 잘 싸워서 갈등이 속히 해결될 수 있도록 서로 이야기하고 자신의 감정을 자세히 풀어서 표현하는 것이 필요해요. 그러면 점점 더 가족과의 사이는 좋아지게 되고, 싸울 때도 감정적이지 않게 될 거예요. 무서워하지 말고 꼭 대화를 시도해 보세요.

언니는 1등, 나는 꼴등, 맨날 비교당해서 서러워

저에겐 고등학생 언니가 있어요. 언니는 항상 공부를 잘해서 엄마 아빠가 칭찬하시고 정말 좋아하세요. 저는 공부를 잘 못해서 언니와 항상 비교당해요. '언니 반만이라도 닮아라', '언니처럼 왜 공부를 잘하지 못하니?'라는 말을 항상 듣고요. 게다가 언니는 얼굴도 저보다 예쁘고 뭐든 잘하는데 전 잘하는 게 없어요. 자꾸 꾸중을 듣고 비교당하니까 더 자신감이 없어지고 힘들어요. 어릴 땐 언니랑 사이가 좋았는데 이젠 언니 보면 질투심만 생기고 미운 마음만 들어요. 제가 점점 나쁜 애가 되는 것 같아 저도 이런 제가 싫어요. 어떡해요?

_ 주미, 중학교 3학년

상처로 새겨지는 비교의 말

우선 너무 가슴이 아파요. 어떤 경우에라도 누군가와 비교당하며 사는 건 가장 불행한 삶이지요. 언니와 늘 비교당하며 살아야 했던 주미의 상처를 이해하고 또 이해해요.

비교를 당하면 자기 자신을 잃어버리게 되지요. 자신감도 없어지고 자존감도 낮아져요. 자신감 없이 살다 보면 자신의 능력을 발휘하지 못하게 되어 점점 더 위축되고 자신을 못났다고 생각하게 돼요. 그러면 자기학대와 자기공격을 계속하는 불행한 사람이 되지요. 어떻게 하면 부모님이 비교를 하지 않고 정상적인 훈육을 하실 수 있을까요?

부모님도 그분들의 부모님으로부터 비교당하는 말을 많이 듣고 자라셨을 거예요. 그래서 그런 말들이 좋지는 않았지만, 그것이 나쁜 것인지는 깨닫지 못하고 계실 수도 있어요. 이제부터 하나씩 실천해보면서 상처를 줄이는 방법을 찾아가보기로 해요.

비교하며 야단치는 부모님의 속내

그런데 비교하는 부모님의 바람은 동생도 언니처럼 공부 잘하고 훌륭한 사람이 되는 거지요. 잘못된 방법이지만 부모님의 마음은 주미를 위하는 마음이 분명히 들어 있어요. 그러니 부모님의 말 때문에 자신이 못난 사람이라고 자책하지는 말아요. 자책을 자꾸 하게 되면 자존감도 떨어지고 자신감도 점점 없어지니까요.

주미는 어느새 스스로 예쁘지도 않고 공부도 못하고 잘하는 게 없다고 생각하며 못난 자아상을 만들어가고 있어요. 그러지 말아요. 모든 사람은 어떤 종류의 재능이든 타고나게 마련이고 이 세상에 쓸모없는 사람은 없답니다.

주미의 장점과 재능이 아직 발견되지 못했다 하더라도 언젠가는 알게 될 거예요. 부모님의 기대에 못 미칠 때는 부모님의 꾸중을 들을 수 있어요. 꾸중을 들을 때 기분이 나빠지지 않는 사람은 없어요. 그때의 기분 나쁜 감정 때문에 자기 자신을 못나게 받아들이지 말고, 꾸중 들은 내용에 대해서만 생각해보고 잘못된 것은 고쳐나가려고 노력하면 돼요.

부드럽고 단호하게 해야 할 말들

사람은 누구나 기분이 나빠지면 감정적으로 대응하게 되고 아무 생각도 할 수 없게 될 수도 있어요. 사람은 연약하고 누구나 단점이 있어요. 완벽한 사람은 없어요. 부모님의 기준이 너무 높아서 계속 필요 이상으로 꾸중을 하신다면 주미가 부모님께 말씀드리세요. 비록 상황이 크게 달라지지 않더라도, 소중한 나의 마음을 지키기 위해 "나는 지금 노력하고 있어!"라는 믿음을 나 자신에게 알리는 게 중요해요. 그런 마음이 자라나면 여러분은 다른 사람의 비난과 상관없이 자신을 존중할 줄 아는 성숙하고 건강한 어른이 될 거예요.

"엄마, 아빠. 제가 앞으로 더 노력해볼게요. 하지만 부모님의 기대에 미치지 못한다고 해서 계속 언니와 비교하고 야단치지는 말아주세요. 비교하고 야단맞으면 자꾸 자신감이 떨어져요. 그러니 비교하지 마시고 제가 잘하는 부분만을 칭찬해주세요."

부모님이 언니와 자꾸 비교하면 언니도 미워지지요? 자매간에 사이가 자꾸 나빠지는 것도 큰 문제라고 할 수 있어요. 누구보다도 사이좋게 서로 의지하며 살아야 하는 관계가 형제, 자매 관계입니다. 그런데 자꾸 비교당하고 자라면 부모님도 미워지고 언니도 미워지게 돼요. 가족 안에서 서로 화목하고 사랑하는 것이 사람의 가장 큰 행복인데 그것을 빼앗기게 되는 것이니 얼마나 큰일이겠어요?

부모님도 완벽하지 않아

부모님도 잘 몰라서 실수하실 수 있어요. 불안하고 두려워서 말하지 못하고 참으면 부모님도 자신의 실수와 잘못을 깨닫지 못하고 계속해서 딸에게 상처주면서 시간을 보낼 수도 있어요. 그건 가족 모두의 비극이고 불행이에요.

주미가 조금만 용기를 내어 부모님에게 말씀드려보세요. 화를 내면서 비난하며 말하는 건 소용없어요. 비난하지 않고 주미가 생각하는 내용을 이성적으로 정확하게 전달하는 게 필요해요. 물론 엄마 아빠에게 말을 한다는 것이 쉬운 일이 아닐 수도 있어요. 야단을 맞으면서 부모님의 이미지가 무섭게 새겨졌기 때문에 부모님은 무서운 사람이라는 생각이 가득할 수도 있어요.

그러나 부모님도 따뜻한 온기를 가진 사람이고 자신이 낳은 자식을 사랑하는 분이랍니다. 그래서 내 마음속 아픔과 생각을 진실하게 전달하면 어떤 부모님이라도 관심 있게 들을 수 있어요. 언제나 문제가 커지는 것은 대부분 주미와 같은 문제를 가지고 살면서도 꾹 눌러 참고 자라면서 어른이 되어버리는 것이지요. 그러면 가슴에 응어리가 쌓이고 쌓여, 가족 간에 풀리지 않는 딱딱한 벽이 생기고 진심으로 사랑하지도 못하게 된답니다.

이건 정말 중요한 문제지요. 꼭 기억해요. 나중에 해결하려면 그만큼 더 힘들고 해결할 수 없다는 절망감이 크게 자리 잡아 해결을 위한 시도조차 하지 않게 되니까 더욱 큰 문제가 된다는 것을요.

엄마가 없는 나,
엄마가 너무 보고 싶어

민재의 이야기

제가 중학교 1학년 때 엄마가 병으로 돌아가셨어요. 엄마는 저를 많이 사랑

해주셨고 정말 다정하게 대해주셨는데 갑자기 제 곁을 떠나셨어요. 그때부

터 아빠가 저랑 형을 보살펴주셨는데 아빠는 항상 바쁘게 일하러 나가시고

형은 학교에서 늦게 와서 저는 항상 외톨이로 지냈어요. 엄마가 너무 보고 싶

어요. 이 세상에서 다시는 만날 수 없다는 걸 아는데도 엄마 사진을 몇 시간

씩 볼 때도 있어요. 그때는 많이 울지도 못했는데 지금은 눈물이 자꾸 흘러요.

한번은 아빠한테 우는 모습을 들켰는데 버럭 화를 내셨어요. 사내자식이 운다

고. 남자는 울면 안 되나요? 돌아가신 엄마를 보고 싶어 하면 찌질한 건가요?

_ 민재, 고등학교 1학년

사별, 세상에서 가장 큰 아픔과 슬픔

중학생 때 엄마가 병으로 돌아가셨군요. 너무 마음이 아프네요. 아직 엄마의 보살핌이 많이 필요할 나이에 엄마를 떠나보내야 했던 민재의 마음은 그 어떤 말로도 위로가 되지 않을 만큼 아플 거라고 생각해요. 특히 엄마를 영원히 잃는 슬픔은 너무 깊고 커서 심장이 뚫리는 듯한 고통을 겪게 되지요. 그 슬픔에 공감하며 함께 울어주고 싶어요. 사별과 같은 충격을 받았을 때 볼비(Bowlby)는 4단계의 애도 과정이 필요하다고 했어요.

• **무감각의 단계** … 이 단계에서 사별을 경험한 사람은 충격으로 인해 멍하니 있게 되거나 구토증, 목의 조임 같은 신체적 반응이 나타나기도 해요.

• **그리워하는 단계** … 사랑했던 사람을 찾아 한없이 헤매는 느낌이 들기도 하고, 좌절감이나 죄의식을 느끼고 때로는 격렬한 슬픔을 경험하거나 통제할 수 없을 만큼 울게 되는 단계지요. 이때 식욕이 사라지거나 불면증이 나타나기도 해요.

• **혼란과 절망의 단계** … 사별을 경험한 사람은 사랑하는 사람의 죽음을 현실로 받아들이는 것이 힘들고 무력감이나 절망감을 느끼게 돼요. 혼란과 절망의 단계를 지나면서 차츰 심한 피로감을 느끼고 평소보다 더 많이 자기도 해요.

• **재조정 단계** ··· 이 단계가 되면 혼란과 절망의 시간을 지나 시간이 흐르면서 정상적인 일상생활을 하게 돼요. 가끔씩 슬픔이 밀려오기도 하지만 이 감정을 딛고 일상을 살게 돼요.

사별 후의 애도에 대한 이론은 여러 가지지만 대부분 비슷한 단계를 거쳐 아픔을 치유하고 일상을 살아갈 힘을 얻게 된답니다.

애도의 시간을 잘 보내야 해요

사별 후에 애도의 기간을 잘 보냈는지 살펴볼 필요가 있어요. 아직까지도 일상생활이 힘들 정도로 슬픔을 느낀다면 엄마가 돌아가신 후에 제대로 애도의 시간을 가지지 못했던 것일지도 몰라요. 애도의 시간은 반드시 거치는 게 좋아요. 그렇지 않으면 평생 슬픔에서 헤어나지 못할 수도 있어요.

위트만과 실버라는 학자는 네 가지의 애도 유형을 말했는데, 사별 직후에 사람의 아픔 정도는 매우 크지만 시간이 지나면서 그 아픔이 점점 낮아지는 것을 '정상적 애도'라도 했어요. 그런데 사별 후 시간이 많이 지났음에도 아픔이 계속 밀려오고 너무 높은 수준이라면 '만성적 애도'라고 말했어요. 또한 즉각적으로 아픔이 별로 느껴지지 않았지만 시간이 지날수록 아픔이 점점 커지는 경우를 '지연된 애도'라고 했어요.

정상적 애도를 잘 거치지 않으면 만성적으로 계속 충분히 애도하지 못한 채 슬픔이 밀려오고 점점 더 아픔을 느끼게 되는데 심한 경우에는 죽은 사람을 따라 죽고 싶어지는 깊은 우울증이 되기도 하지요. 혹시 민재는 어떤가요? 건강하게 정상적인 애도 과정을 거치지 않은 것이 아닐까 하는 생각이 드네요.

엄마의 부재는 존재감을 잃게 하기도

엄마가 일찍 돌아가셨다면 엄마를 대신할 만한 양육자가 성실하게 돌봐줄 필요가 있어요. 아빠가 엄마의 몫까지 돌봐주시려고 노력하셨겠지만 충분하지 못했을지도 모르겠네요. 사람은 독립할 나이까지 보살핌을 받아야 하고 인정과 지지와 사랑을 받아야 건강하게 잘 자랄수가 있어요. 엄마의 부재를 다 채우지 못한 환경이 자꾸만 더 큰 슬픔과 괴로움을 만들었을 거라는 생각이 들어요.

아빠도 많이 힘들었을 거예요. 아내 없이 자식들을 양육하는 게 얼마나 힘들까요. 여러 가지로 부족했을 것이고 미흡했을 거예요. 아빠의 미흡한 표현이 상처가 되고 그 상처가 자기 자신을 책망하는 형태로 누적되었을지도 몰라요.

엄마의 부재가 자신의 존재감을 잃게 만든 원인이라는 생각을 하면, 엄마가 더 생각나고 원망하는 마음도 생길 수 있어요. 엄마도 어린 아들을 두고 먼저 떠나고 싶지 않았겠지만, 어쩔 수 없이 돌아가신 것인데도 엄마가 '나를 버렸다'는 식의 왜곡된 인식과 감정이 생길 수도 있어요. 어린 마음으로는 그렇게 받아들일 수도 있으니까요.

그리고 병으로 돌아가셨다고 하니 어쩌면 중학생 이전에 엄마가 살아계실 때에도 엄마는 언제나 아파서 민재를 돌보지 못하셨을 수도 있겠어요. 그래서 마음에 결핍이 생기고 사랑이 부족한 느낌이 커져갔을 거예요.

엄마가 계시지 않는다고 자신의 존재가 사라진 것은 아니지요? '나는 나로서 살아가는 것'을 생각하고 연습할 필요가 있어요. 어린 나이에 겪은 사별의 시련은 분명히 민재를 더욱 성숙하게 해주리라 믿어요. 때때로 미칠 듯 보고 싶고 그리워질지라도 엄마는 민재의 가슴 속에 언제까지나 살아계시니 그 엄마의 영원한 사랑을 믿고 힘을 내봐요.

그리워서 울어도 돼요

남자든 여자든 슬픔이 밀려오면 당연히 눈물이 흐르고 울게 돼요. 이 눈물을 참고 억누르면 마음에 골병이 들어요. 참지 말고 울어요. 울어도 돼요. 아빠 세대에서는 '남자는 울면 안 돼' 혹은 '남자는 일생에 세 번만 울어야 해'라는 인식이 강하게 새겨져 있었어요. 그러나 이제는 달라졌어요. 남자든 여자든 울어야 하고 울지 못하면 더욱 마음이 강퍅해지고 분노가 쌓이게 되거든요.

울지 못하는 동안 눈물은 분노를 만들어서 자꾸 짜증이 나거나 화를 내게 만들어요. 슬픔의 감정이 제대로 다루어지지 않으니까 그 감정들은 우울함으로 가거나 화가 나게 만들어요. 그러면 건강하고 행복하게 살 수 없게 되겠지요? 울다가 아빠에게 들켜서 혼나게 되면 당당하게 말씀드리세요.

"아빠, 슬프면 눈물을 흘리고 울어야 해요. 울지 않고 자꾸 참으니까 지금까지도 해결되지 않고 더 슬프고 더 힘들잖아요. 이제 아빠도 우셔야 돼요. 엄마를 떠나보낸 저도 힘들지만 아빠도 힘들 거라 생각해요."

폭력을 휘두르는 아빠를 보면 분노가 치솟아

저희 아빠는 욱하는 성격이 있어요. 어릴 때부터 항상 화를 잘 내는 모습만 보고 자랐어요. 화내지 않고 차분히 얘기할 수 있을 텐데 별일 아닌데도 화부터 내요. 그런 아빠가 너무 싫으면서도 저도 아빠를 닮아버렸나 봐요. 저도 화가 치밀어 오르고 조금만 안 좋은 일이 있어도 소리를 지르며 화를 내요. 아빠 같은 어른이 되고 싶지 않은데 저도 결국 똑같아지면 어떡하죠? 한번은 심하게 화를 내면서 유리병을 내던져서 깨진 적이 있어요. 온 사방에 유리 파편이 튀었는데 제가 그걸 밟아서 발바닥에서 피가 났어요. 엄마 아빠가 싸울 때도 아빠는 폭력적으로 돌변하는데 그럴 때면 온몸이 벌벌 떨리고 어찌해야 할지 모르겠어요.

_ 도현, 고등학교 2학년

왜 화를 내게 될까요?

사소한 문제가 생겨도 화부터 내는 사람이 있어요. 도현이 아빠가 그런 분인 것 같아요. 화를 내는 아빠는 자녀들에게 불안과 두려움을 심어주게 돼요. 화내는 태도는 단번에 고쳐지지 않기 때문에 시간을 두고 계속 치유해 가야 할 문제랍니다.

우리나라 아빠들은 대체로 화를 잘 내는 것 같아요. 아주 간단하게 말하면 '화내는 아빠'를 보고 자란 사람이 '화 잘 내는 사람'이 된답니다. 아빠의 아빠도 화를 잘 내고 폭력적이어서 아빠에게 상처를 주었을 거예요. 아빠와 대화를 할 수 있다면 금방 알 수 있을 거예요.

마음속에 무수히 쌓이게 된 상처들이 치유되지 않으면 불안과 분노가 커지는데, 불안이 더 크게 느껴지는 사람이 있고 분노가 더 크게 느껴지는 사람이 있어요. 이처럼 느껴지는 것은 달라도 불안과 분노는 늘 같이 붙어 있기 때문에 이것이 계속 문제를 일으켜요.

두려워하지 말고 피하지 말 것

화를 자꾸 내는 어른들이 무서워서 피하는 건 당연해요. 그런데 상대가 아빠잖아요. 가족끼리는 어떤 허물이든 약점이든 덮어줄 수 있고 용납해줄 수 있어요. 도현이가 자꾸 무서워서 피하게 되면 아빠는 더 화가 나서 그 모습을 고치지 못하게 될 거예요. 예의 없게 맞서라는 건 아니에요. 다만 두려워서 피하지 말고 아빠의 화난 모습이 너무나 싫다는 것을 어떤 방법으로든 표현해봐요.

큰 도화지에 화내고 있는 아빠의 모습을 차례대로 그려서 아빠가 자주 앉아계시는 소파 테이블에 놔둬보면 어떨까요? 아니면 화내고 있는 아빠를 몰래 동영상으로 촬영해서 기분이 괜찮아 보이실 때 보여드리면 어떨까요?

어떤 것도 두렵고 무서울 거예요. 하지만 용기를 내서 대응하다 보면 아빠 속마음에 너무나 연약한 어린아이가 있다는 사실을 알게 될 거예요. 어릴 때 받은 상처가 씻기지 않아서 화가 나는 것인데 그때의 어린아이가 고스란히 아빠의 속마음에 살아 있는 거지요. 아빠를 비난하지 말고 아빠를 이해하고 용납하는 마음으로 다가간다면 분명히 아빠는 조금씩 화를 덜 내게 되실 거예요.

이런 이야기를 하는 건 참 슬프네요. 왜냐하면 아빠가 아들에게 먼저 손을 내밀고 화를 자주 낸 것에 대해 사과하고 관계 개선을 위해 노력해야 하는데, 아들이 먼저 노력해야 된다는 말을 하는 건 아주 슬픈 일이에요. 그래도 아빠의 변화를 위해 조금 용기를 낼 필요가 있어요. 아빠가 변해야 더 이상 불안하지 않고 도현이가 아빠처럼 화를 잘 내는 어른으로 성장하지 않을 테니까요.

분노가 쌓이면 폭력으로 변해요

화, 짜증, 분노는 강도의 차이일 뿐 모두 같은 말이지요. 이런 분노가 자꾸 쌓이면 폭력적으로 변하게 되는데, 몇십 년 동안 쉽게 화를 내고 폭력적이었던 사람은 자신이 원래부터 이런 성격이라 생각하며 합리화하게 돼요. 그래서 웬만해서는 잘 고쳐지지 않아요. '자신의 성격이 그러니 어쩔 수 없고 상대방이 맞춰야 한다'라고 말하지요. 분노가 생긴 원인이 상처이기 때문에 상처의 근원지에 가서 치유를 해야 분노가 사라지게 되는데 그건 좀 더 세심한 치유의 과정이 필요하답니다.

아빠가 심리치유를 받는다면 좋겠지만, 아빠가 만약 치유를 받지 않더라도 계속해서 대화를 유도해서 아빠의 상한 감정과 마음을 풀어내도록 노력하면 좋겠어요. 그러나 쉬운 일은 아니지요. 아빠가 자신의 행동이나 언행이 잘못된 것이라고 깊이 깨닫는 시간이 무엇보다 중요한데, 만약 그렇지 않더라도 아빠의 분노는 아빠의 것이니 도현이는 아빠의 것을 자신의 것으로 받아들이지 말고 아빠의 문제와 자신의 문제를 분리해서 생각하는 연습을 해봐요. 혼자 하는 것이 힘들다면 전문가의 도움을 받거나 상담선생님이 계시다면 상담을 받도록 해봐요.

그리고 엄마에게 자신의 심경을 얘기하고 아빠의 분노와 폭력에 대한 대책을 세우도록 하는 것이 중요해요. 아무 대책 없이 그 분노와 폭력을 계속 당하고 있으면 올바른 성품을 가지지 못하게 되고 영혼이 피폐해질 수 있어요.

화내는 모습이 부끄러워지도록

화를 자꾸 내는 사람은 미성숙한 사람입니다. 그래서 화를 자꾸 내는 아빠가 스스로를 돌아보고 부끄러워할 수 있도록 계속 표현해주세요. 물론 아들이 화내는 아빠가 미성숙하다고 말하면 아빠는 속상해서 더 화를 낼 수도 있지만 부드러운 말투로 계속 깨닫도록 말씀드린다면 조금씩 노력하시게 돼요. 이렇게 말해보는 건 어떨까요?

"아빠가 화를 내는 게 나는 무엇보다도 싫어요. 화내고 폭력적인 모습은 아빠를 존경하는 마음을 앗아가버려요. 아빠가 화내지 않았으면 좋겠어요. 화를 잘 내는 건 미성숙한 모습이래요. 아빠가 저를 사랑하고 제가 잘 되기를 바라신다는 것을 믿어요. 그러니 아빠, 화내지 말고 조용하고 친절하게 말해주세요. 제가 잘못한 일이 있더라도 소리 지르지 말고 부드럽게 말해주세요."

지긋지긋한 가난,
나도 다른 애들처럼 살고파

아주 어렸을 때부터 지금까지 우리 집은 항상 가난했어요. 시간이 지나도 나아지지 않고 늘 같아요. 엄마 아빠는 작은 식당에서 열심히 일하시는데 지금까지도 반지하 좁은 집에서 살고요. 엄마 아빠는 돈이 필요하다고 하면 늘 돈이 없다며 꼭 필요한 경우에도 주시지 않을 때도 있어요. 친구들은 다 넓은 아파트에서 살고 용돈도 많이 가지고 다니는데 저만 너무 가난한 것 같아요.

_ 누리, 중학교 3학년

가난한 현실이 상처가 돼요

옛날처럼 절대적 빈곤은 사라졌지만 상대적 빈곤이 우리를 힘들게 하고 괴롭히죠. 예전엔 대부분 다 가난해서 매일매일 밥을 먹을 수 있는 것만으로도 감사하던 때가 있었어요. 그러나 지금은 밥을 굶을 정도의 가난은 사라졌지요. 어쩌면 지금의 빈곤감은 집의 크기가 중요한 기준이 되지 않았을까 싶네요.

친구들은 넓은 아파트에서 사는데 누리는 반지하 좁은 집에 산다고 하니 상대적으로 우리 집이 몹시 가난하게 느껴질 것 같아요. 그리고 친구들을 집으로 초대하고 싶지도 않겠지요?

부모님의 가난이 내 가난은 아니야

부모님도 열심히 살아오셨지만 많은 돈을 벌지 못하신 것 같아요. 아니면 부양해야 할 가족이 많아서 저축을 많이 할 수 없었을지도 모르겠어요. 그래서 상대적으로 우리 집만 가난하게 느꼈던 것 같아요. 가난한 것은 부끄러운 것이 아니에요. 비교하는 마음이 커지면 부끄러움이 커지게 돼요.

부끄러움을 가지면 상처가 되고 자신이 하찮은 존재처럼 느껴진답니다. 그런 자기 인식은 자신감을 사라지게 해서 자신도 죽을 때까지 가난하게 살지도 모른다는 생각을 하게 될 가능성이 높아져요. 그런 생각들은 자신의 발전을 막고 스스로 무기력하게 만들어서 일찍 자포자기하는 마음을 키우게 되지요. 엄마 아빠의 가난이 누리의 가난이 되지는 않아요. 다른 아이들의 집보다 작다고 해서 무조건 가난한 것도 아니지요.

누군가 세워놓은 기준을 자신에게 적용하면서 자꾸 화를 내는 것은 힘든 상황에서도 열심히 일하시며 가족을 위해 살아가시는 부모님께 상처를 드리는 일이 되지요. 누구보다도 부모님이 가장 힘드실 거예요. 지금 당장 부모님께 가서 그 노고에 감사드려보세요. 고맙다고 말해보세요. 부모님이 누리의 그 말에 힘을 얻고 행복해하실 거예요. 행복해하시는 부모님을 보면 누리도 행복한 기분이 들 거예요.

비교하지 말고 자신의 꿈을 향해 나아가요

돈이 필요한데 없다며 주지 않는 부모님께 화도 나고 상처도 받게 될 거예요. 누군가에게 부탁했는데 거절당했을 때 받는 상처, 그리고 돈을 받지 못해서 꼭 필요한 물건을 사지 못하게 됐을 때 생기는 좌절감, 그런 감정들 때문에 많이 힘들 거예요.

그렇지만 꿈을 포기하지 말아요. 열심히 공부하고 자신의 꿈을 향해 나아가다 보면 부모님의 시대보다 경제적으로 좋아질 것이고 좀 더 풍성한 삶을 살게 될 거라 믿어요. 지금 자꾸 불평불만을 하고 짜증을 내면 부모님께 상처를 주고 자신의 미래도 암울하게 그리게 되고 그 암울한 생각과 태도는 발전을 가로막게 되지요. 이렇게 말하면서 나아가기로 해요.

"엄마 아빠는 성실하게 일하시니 훌륭하셔. 오늘부터 나는 다른 아이들을 부러워하지 않을 거야. 나는 꿈을 가지고 나아갈 거야."

엄마의 잔소리도 싫고
대화하고 싶지도 않아

엄마는 잔소리가 정말 심해요. 했던 말 또 하고 또 하고 정말 지겨워요. 정작 제가 하고 싶은 말을 할 때는 시큰둥하게 듣고 제대로 반응도 안 하면서 제가 잘못한 거는 계속해서 잔소리를 해대요. '이거 해라, 저거 해라, 왜 이렇게 안 하냐, 이것밖에 못하냐' 어휴, 정말 싫어요. 제 마음을 알아주지는 않으면서 일방적으로 이래라 저래라 계속 반복해서 말하는 엄마와는 어떤 대화도 할 수가 없어요.

_ 다은, 중학교 3학년

잔소리, 잔소리는 힘들어요

잔소리란 쓸데없이 자질구레한 말을 늘어놓거나 필요 이상으로 듣기 싫게 꾸짖거나 참견하는 것을 말한다고 사전에 기록되어 있어요. 잔소리를 계속 들으면 옳은 말이라도 듣기 싫어지고, 잔소리하는 사람이 미워지게 돼요. 잔소리는 처음부터 잔소리는 아니었어요. 엄마가 다은이를 위해서 한 좋은 이야기가 자꾸 반복되다 보니 어느 순간부터는 잔소리가 된 거예요.

내 마음을 모르는 엄마

마음속 생각들은 표현하지 않으면 서로 몰라요. 다은이가 속마음을 자주 표현하지 않으면 엄마는 다은이가 무슨 생각을 하고 있는지 알지 못해요. 그래서 했던 말 또 하고 또 하게 되는 거예요. '내가 말하지 않아도 엄마는 다 아시겠지'라고 생각할 수 있지만 그렇지 않아요. 엄마가 내 마음을 모른다고 생각하니 자꾸 짜증이 나고 엄마는 엄마대로 다은이가 엄마의 마음을 모른다고 생각해서 나무라게 되지요.

가족이라도 서로의 마음속 말을 겉으로 표현하지 않으면 서로 오해하게 되고 잘못 생각하게 돼요. 때때로 어른들의 세계는 너무 복잡하고 힘든 일이 많아서 다은이가 어떤 말을 할 때 엄마가 못 들을 수도 있어요. 기껏 엄마에게 마음을 표현했는데 하필 그때 엄마가 다른 생각을 하고 있어서 다은이의 말에 잘 대답해주지 않았을 텐데 그럴 때 다은이가 얼마나 실망했을지 이해해요. 그렇게 소통이 안 되다 보면 서로의 마음을 모르게 돼요. 어두움 속에서 서로를 찾지 못하는 것처럼 서로 멀어지게 되죠.

잔소리는 엄마의 관심과 사랑

잔소리는 관심과 사랑이라고 생각해봐요. 엄마가 다은이를 사랑하는 마음이 없다면 관심도 없을 것이고 관심이 없다면 잔소리는 하지 않을 거예요. 물론 계속되는 엄마의 잔소리가 지겹고 싫겠지만 소통이 되지 않아서 생긴 문젯거리라는 것을 인식하고 고쳐나가면 돼요. 엄마도 딸에게 잘못된 소통을 하고 있는 것이니까 지금부터 고쳐나가면 돼요.

"엄마, 잔소리는 내가 안 듣게 되니까 한 번만 정확하게 말해주세요. 그러면 내가 들을게요"라고 말해보세요. 엄마도 다은이가 엄마 말을 잘 안 들을까 봐 걱정돼서 했던 이야기를 또 하고 또 하고 반복해서 하는 거니까 다은이가 먼저 말해요. 한 번만 말해도 잘 알아듣겠다고.

대화에도 노력이 필요해

부모와 자식 사이에는 아무리 오랜 시간이 흘러도 서로 노력하면 다시 대화할 수 있어요. 제대로 된 대화를 하다 보면 자연스럽게 잔소리는 점점 잦아들게 되어 있어요. 진심을 담은 대화가 필요해요. 아무리 바빠도 부모에게 자식은 언제나 일순위예요. 짜증 내며 비난하듯 말하면 누구든 안 듣게 돼요. 그래서 짜증 내지 않고 진심으로 말하는 연습이 필요해요. 진심으로 말하면 부모님은 하던 일을 멈추고 다은이 말에 귀를 기울이실 거예요.

잔소리가 아닌 다정한 대화가 다은이 가족에게는 꼭 필요해요. 조금만 감정을 억제하고 짜증스럽게 받아들이지 말고 엄마의 사랑을 믿고 진실하게 대해요. 그러면 오해는 사라지고 잔소리는 없어지게 된답니다. 잔소리가 없어진 자리엔 사랑이 차오르게 되고요.

저널치료

매일 자신의 감정과 기분을 쓰는 것은 치유를 돕습니다. 그날 일어났던 일 중에 쓰고 싶은 것을 쓰고 감정과 기분을 표현해봅니다. 이는 내면을 성찰하고 분석할 수 있도록 도와줍니다. 어릴 때 썼던 일기 느낌으로 쓰면 됩니다. 그때는 선생님을 의식하면서 썼지만 지금은 자신만 생각하면서 아주 진실하게 쓰고 자기 자신의 마음을 분석하는 기분을 추가하면 좋습니다. 어떤 형태로 쓰든 상관이 없고 자유롭게 두서없이 써도 됩니다. 글을 쓰는 것만으로도 마음이 가벼워지고 치유가 된다는 사람들이 많답니다.

저널치료로 도움을 받은 사례

고등학생인 C양은 심리치료 중에 자신의 감정을 일기로 써내려갔어요. '감정일지', '치유일지'라고도 부르는데 심리치료 중에 글쓰기를 하는 것은 마음의 치유에 큰 도움이 된답니다. C양의 일기를 소개할게요. 어릴 때 썼던 일기는 그날 있었던 일을 중심으로 쓰는 거라면 이 치유일기는 하루 중의 감정과 생각을 중심으로 쓰면 돼요.

3월 2일

오늘 우울해서 친구랑 통화를 하기도 힘들었다. 너무 힘들다. 슬프고 외로운 감정이 많이 느껴진다. 누가 조금이라도 뭐라 하면 신경이 곤두선다. 특히 아빠가 집에 올 때면 발자국 소리만 들어도 떨린다. 아직 아빠가 많이 무섭다. 지금 아빠는 별로 소리도 안 지르시는데 왜 이렇게 무서운 것일까. 옛날에 소리를 많이 지르셔서 그게 남아 있는 것 같다.

누구한테든 말하려고 하면 심하게 불안하고 긴장된다. 그래서 말을 잘 할 수가 없다. 너무 심한 우울증과 불안증이 있는데 나을까? 나는 꼭 낫고 싶다. 나아서 내 꿈을 이루고 싶다.

(위의 글처럼 하루 중의 감정과 생각을 중심으로 치유일기를 써보세요.)

PART

4

내 마음을
이해해주는 친구가
한 명도 없어

학교생활&친구&이성

친하다고 생각했던 애가
내 욕을 하고 다녔대

어떻게 걔가 그럴 수가 있어요? 걔랑은 초등학교 3학년 때부터 친구였어요.

같은 초등학교에 다녔거든요. 서로 비밀 없이 다 얘기하는 편인데 중학교 때

다른 반이 됐어요. 그런데 어떤 애가 그러는 거예요. 걔가 제 얘기를 다 하고

다닌다고. 전 그 애를 믿고 뭐든 숨김없이 얘기를 했거든요. 다른 애들에겐 절

대로 서로 얘기하지 않겠다고 약속까지 했는데 어떻게 그럴 수 있어요? 이젠

친구도 아니에요. 복수하고 싶어요. 저도 걔 비밀 얘기를 다른 애한테 해버릴

까요?

_ 보미, 중학교 1학년

친구의 배신이 주는 상처

친하게 지낸 친구가 배신을 했군요. 얼마나 마음이 아프고 속상할까요? 학교생활이 너무 힘들어졌을 것 같아요. 보미처럼 사춘기의 나이 때에는 친구 관계가 아주 중요하고 민감할 때지요. 친한 친구에 대한 배신감은 하늘이 무너지는 것 같은 고통스러운 경험이고 세상이 무섭게만 느껴지게 만들 거예요.

험담을 하는 이유

그 친구가 왜 그런 행동을 했는지 직접 말해주면 조금은 편안해질 것 같아요. 둘만 알고 있던 비밀을 다른 아이들에게 얘기하는 이유는 자신을 좀 더 어필하고 싶은 의도가 숨어 있어요. 남을 험담하고 낮추면 자신이 높아진다고 착각하는 거지요. 그리고 들키지 않을 것이라고 생각하며 보미와 보미에 대해 말해준 대상 모두와 계속 잘 지내고 싶어 하죠. 아마 다른 애들한테 '절대 말하면 안 돼'라고 말하면서 비밀 얘기를 털어놨겠죠.

그런데 세상에 비밀은 없어요. 왜냐하면 누군가는 또다시 얘기하지 말라는 말까지 전달하며 다 폭로하게 되어 있거든요. 보미가 비밀로 해주길 바랐던 이야기를 다른 애들에게 말해버린 그 친구는 자존감이 낮고 열등감도 심할 거예요. 그래서 보미보다 더 많은 친구를 가지고 싶은 욕망이 강하게 일어나서 그런 나쁜 행동을 했을 거예요.

상처받은 마음 표현하기

그 친구에게 보미의 상처받은 마음을 다 털어놓고 허심탄회하게 이야기를 나눠봐요. "나는 네가 내 비밀을 지켜주지 않아서 너무 마음이 아프고 힘들어"라고 말해보세요. 혼자 견디고 참는 동안 마음은 더욱 쓰라리고 힘들 거예요.

그 친구가 스스로 자기 잘못을 알 수 있도록 정확하게 보미의 기분과 상한 감정을 전달할 필요가 있어요. 사람들은 상처받았을 때의 태도가 여러 형태로 나타나는데, 화를 내거나 짜증을 내면서 말하는 사람, 상처받아도 절대로 말하지 않고 속으로 삭히는 사람, 침묵으로 대응하는 사람, 다른 사람을 계속해서 흉보는 사람 등으로 나타나요.

상처 준 사람에게 직접 말하는 게 좋아요. 다른 사람에게 말하면 잘못 와전되어 그 사람이 다시 공격할 수도 있으니까요. 그리고 말이란 전달되는 과정에서 자꾸 부풀려지거나 왜곡되기 마련이지요. 무조건 참고 말하지 않으면 상대방이 자기 잘못을 알 수 없게 되어 계속 같은 잘못을 하게 되겠죠. 그리고 말하지 않고 참는 동안 속은 곪아 오랜 시간이 지나도 쓰라리고 아프게 되겠지요.

타인으로 인한 상처를 그때그때 씻어버리고 치유해야 오래 남지 않아요. 상처를 놔두면 공부에도 지장을 초래하고 부정적인 생각에 휩싸이게 되니까요.

똑같은 복수는 또 다른 아픔을 불러일으켜요

친한 친구를 잃었다는 것이 가슴 아프겠지만 그 애는 보미에게 잘못을 크게 했어요. 그 애가 반성하고 사과하지 않는다면 다시 친해질 수 없겠지요. 걔 말고도 친구는 많아요. 어떤 사람이든 깊이 오래 사귀는 시간이 필요하죠. 오래 알아가다 보면 생각지도 않은 나쁜 면이 많이 드러나는 사람도 있어요. 그래서 지금 그런 일이 생긴 게 오히려 다행이라고 생각하면 어떨까요? 아마도 보미는 이후에 더 좋은 친구를 사귀게 될 거예요.

친구 사이를 이간질하는 사람은 분명히 나쁜 사람이잖아요. 보미의 친한 친구를 빼앗아서 자기 친구로 삼고 싶어 하는 것도 정말 나쁜 짓임이 분명해요. 보미가 복수를 하고 싶어 하는 마음도 충분히 이해해요. 상처받아서 화가 난 마음을 그렇게 해서라도 표출하고 싶을 거예요. 그러나 복수를 하게 된다면 잠깐은 속이 시원한 기분이 들 수 있지만 금방 허무한 느낌이 들 거예요.

그리고 무엇보다도 복수를 하기 위해서 부정적인 생각을 계속 해야 하니까 복수를 하기 전에 보미가 먼저 고통을 받게 되지요. 부정적인 마음은 무서운 힘을 가졌는데 큰 에너지가 빠져 나가고 자신을 더욱 지치고 힘들게 만들 수도 있어요. 그때 쓰는 에너지를 자신의 상처받은 마음을 어루만지고 새로운 좋은 친구를 사귀는 데 쓰는 게 어떨까 싶어요.

함부로 말하고 다닌 그 친구의 비밀을 말하지 않고 참아주었던 보미가 참 훌륭해요. 반드시 더 좋은 친구를 많이 사귀게 될 거라고 확신해요.

단체 채팅방에서 친구들이
내게 심한 말을 했어

우리 반 친한 애들 몇 명이 같이 하는 단톡방이 있는데요. 저는 평소에 좀 조용

하고 내성적이어서 말도 별로 없는데 단톡방에서는 가끔 서로 이야길 나누곤

했어요. 그런데 애들이 짠 것처럼 하루는 심한 욕을 저한테 하고 제 머리 스타

일이 거지 같고 얼굴이 너무 못생겼다는 둥 기분 나쁜 말을 올리는 거예요. 저는

충격을 받았어요. 친한 애들이라고 생각했는데 너무 못됐다고 생각했어요. 제

가 단톡방을 나오면 어떤 애가 또 초대해서 '쫄았냐?'라고 놀리고, 또 나오면 또

불러서 빠져나오지도 못하게 했어요. 결국 부모님께 말해서 선생님이 해결해

주셨지만 그때부터 사람이 무서워지기 시작했어요. 앞으로 친구도 못 사귈 것

같아요.

_ 윤우, 고등학교 2학년

단톡방의 폐해

윤우의 마음을 알아요. 나도 가끔 원치 않는 단톡방에 초대되어 카톡 문자의 홍수를 겪어야 하거든요. 단톡방에서 나오면 또 초대하고 해서 자유도 박탈당한 느낌이 들어요.

내가 원하지 않아도 누군가 나를 초대하면 속수무책으로 당하게 되는데, 여러 사람이 같이 보는 온라인 공간에서 그렇게 심한 모욕을 당했다니 정말 가슴이 아프네요. 다른 사람을 괴롭히면서 쾌감을 느끼는 사람의 심성은 이미 망가질 대로 망가진 사람일 거예요. 그래도 부모님과 선생님이 속히 해결해주셔서 참 다행이에요.

사람에 대한 불안감이 생기다

한 번이라도 그런 일을 당하게 되면 정말 사람이 싫어지고 불안해지지요. 실제로 단체 채팅방에서 다투다가 흉기를 휘두른 사건도 있었어요. 일대일로 욕을 먹어도 기분이 몹시 나빠질 텐데 여러 명 있는 데서 모욕을 당하면 상처가 아주 깊이 생긴답니다.

다른 사람들에게 욕을 먹게 되면 기분이 상하는 것만이 아니라 자신의 존재감이 점점 사라져서, 자꾸 소심해지고 자신감이 떨어져요. 그래서 학교생활을 하는 데 힘이 들게 돼요. 무엇보다 사람에 대해 불안한 생각이 자꾸 들면 친구도 사귀지 못하고 고립되겠지요. 그러면 자라서 어른이 되어서까지 고통을 받게 되니까 지금 해결해야 해요.

앞으로 또다시 이런 일어났을 때 대처방법

이런 사건이 일어나면 안 되겠지만 또다시 일어난다면 꼭 알아둬야 하고 올바른 대처를 빨리 해서 더 큰 피해를 막아야 해요. 단체카톡방에서 욕설이나 모욕적인 말을 한 것은 언어폭력이나 사이버폭력에 해당된다는 생각이 들어요. 심한 욕설이나 모욕적인 문자는 그대로 보관해둬야 해요. 너무 마음이 힘들어서 단톡방을 나오게 되면 또다시 초대되어 계속 괴롭힘을 당하게 되는데 아무리 '나가기'를 눌러도 소용이 없겠지요. 그리고 그들의 나쁜 문자 내용이 다 지워져버려서 증거물이 사라지게 되지요.

내용을 캡처해서 저장해두는 것도 한 방법이에요. 학교폭력 신고 연락처 117로 전화하거나 부모님과 선생님께 빨리 알리는 것도 매우 중요해요. 만약 '사실을 알리면 죽이겠다'는 협박을 받는다 해도 꼭 알려야 해요. 협박에 굴복하여 계속 당하고 있으면 큰일 나요.

해결이 되었어도 상처는 남아요. 해결 이후에는 마음의 상처를 잘 살펴보고 치유가 되어야 해요. 그래야 사람에 대한 불안을 씻고 좋은 친구들을 만날 수 있어요.

성추행을 당했는데
너무 억울하고 화가 나

가온의 이야기

저희 집에서 학교까지 걸어가려면 꽤 멀어서 시간이 없을 때는 버스를 타고 가는데요. 어떤 아저씨가 버스에서 제 옆에 딱 붙더니 제 허벅지랑 가슴 쪽으로 손을 자꾸 갖다 대면서 성추행을 하는 거예요. 전 너무 창피해서 소리도 못 지르고 다음 정류장에서 내려버렸어요. 학교까지 걸어가는 동안 눈물이 막 나고 화도 나고 해서 울면서 갔어요. 요즘 성범죄는 죄가 무겁잖아요. 제가 창피하더라도 버스에서 소리를 질렀으면 그 아저씨가 창피해서 내렸을 거고 전 억울하지는 않았을 텐데, 너무 화가 나고 억울해서 미치겠어요. 더럽고 역겨운 생각도 들고요.

_ 가온, 중학교 3학년

성 범죄는 극악무도한 범죄

버스에서 성추행을 당했군요. 얼마나 놀라고 당황했을까 짐작이 가요. 예전엔 성 범죄가 주로 여성에게 일어났는데 요즘은 남성에게도 일어나요. 성 범죄자들은 잘못된 성 인식 때문에 피해자의 고통을 생각지 않고 그런 짓을 저지르고 있어요. 성적인 범죄가 한 사람의 일생을 파괴하기도 한다는 걸 생각한다면 조금은 절제할 수 있을 텐데 말이에요.

성적인 상처는 수치심을 가져와

예민한 시기에 이런 일을 당하게 되어 얼마나 고통스러운 시간을 보냈을지 생각하니 마음이 아파요. 성추행이나 성폭력은 절대로 피해자의 잘못이 아니에요. 부끄러워할 일도 아니에요. 상처받은 마음이 어떤 말로도 쉽게 해소되지는 않겠지만 이성적으로 조금만 들여다봐요.

성추행, 성폭행은 성적인 범죄이고 가온이는 피해를 입었어요. 그런 범죄자는 아주 강한 처벌을 받아야 한다고 생각해요. 그 범죄자가 나쁜 것이지 가온이 잘못이 절대로 아니에요. 수치스러운 생각이 든다면 성추행으로 나 자신이 더럽혀진 것은 조금도 없다고 생각하길 바라요. 내 잘못이 아니니까 내가 부끄러워할 필요가 없는 거예요. 나쁜 건 그런 짓을 한 범죄자니까요.

성적인 상처가 가져다주는 불행들

성추행이나 성폭력 피해의 경험은 세상에 대한 불신과 자신 및 타인에 대한 부정적인 이미지를 갖게 해요. 또 결혼을 하고 싶지 않게 되거나 불행한 결혼 생활로 이어지게 되지요. 이러한 고통이 피해자의 삶 전반에 악영향을 끼치게 되고 스스로를 수치스럽게 여기거나 때때로 분노가 치밀어 오르기도 해요.

이 깊은 상처가 치유되어야 행복하게 살 수 있어요. 때로는 과거의 시간이 현재의 자신을 계속 괴롭힐 수 있어요. 그래서 아무리 시간이 오래 지났어도 과거는 저절로 지워지지 않고 현재의 고통을 불러일으키게 된답니다. 상처의 치유를 위해서 전문가를 찾아가 도움을 받아야 할 정도로 심각한 사람도 있어요. 꼭 기억해야 해요. 아무리 깊은 상처도 치유가 될 수 있다는 것을. 그래야 행복해진다는 것을.

성적인 피해의 대처와 치유

지역 내의 성폭력상담소에서 심리적 도움과 법적인 도움도 받을 수 있어요. 이런 상담은 비밀보장이 되므로 주저 말고 상담을 받아야 해요. 성 범죄의 피해자가 된 후 오랫동안 치유를 받지 않고 있으면 자기 자신을 불결하게 여겨서 필요 이상으로 오래 샤워를 하거나 습진이 생길 정도로 손을 씻는 행위를 하기도 해요. 이런 행동을 강박적 증상이라고 하는데 강박적으로 생각하고 행동하는 것이 습관화되어 많이 힘들어져요.

또 극도로 예민해지고 움츠러들기도 하고 불안해서 견딜 수 없는 감정이 생기기도 해요. 무엇보다 자기 자신을 혐오하는 혐오감에 사로잡히게 되는데 이건 곧바로 심한 우울증을 동반하게 된답니다. 그러니 가벼운 문제라고 생각지 말고 적극적으로 치유되고 회복되도록 노력해야 해요.

상처받은 사건보다 그 상처 때문에 생기는 후유증이 더 큰 고통을 가져다주게 되는데 그렇게 되면 얼마나 억울하겠어요? 무엇보다 자책하지 말고 마음에 입은 타격과 고통을 치유받고 나면 그전보다 더 단단하고 성숙한 사람이 될 수 있어요.

그때 그 순간에 좀 더 적극적으로 대처하지 않았다고 자책하지도 말아요. 그 당황스러운 순간에 어떻게 차분히 잘 대처할 수가 있겠어요? 그 누구라도 어려웠을 거예요. 그런 일을 벌인 범죄자가 나쁜 거예요. 꼭 기억하길 바라요.

소극적인 성격이 싫어. 나도 잘 노는 애가 되고 싶어

바다의 이야기

저는 아주 내성적이고 사람들 앞에서는 말도 잘 못하고 수줍음이 많아요. 그래서 친구도 한 명뿐이고, 다들 저를 무시하는 것 같고, 제가 재미없으니까 같이 안 노는 것 같아요. 같은 반 애 중에 춤도 잘 추고 노래도 잘하는 애가 있는데 그 애는 인기가 정말 많거든요. 애들이 다 그 애만 좋아하는 것 같아요. 저는 왜 이런 성격으로 태어났을까요? 너무 창피하고 속상해요. 제 성격이 너무 싫은데 사람들에게 인기 있는 성격이 될 수는 없을까요?

_ 바다, 중학교 2학년

소심한 게 아니라 세심한 거야

상담실에 자녀를 데려온 엄마들은 거의 대부분 이런 말을 해요.

"우리 아들이 내성적이어서 큰 문제예요. 소심하고 자신감도 없어서 큰일이네요."

성격이 '내향적', '내성적'이라고 하면, 흔히 사교성이 부족하고 소심하다는 뜻으로 받아들이지요. 그리고 그런 성격이 아주 좋지 않고 열등한 것으로 생각하는 것을 많이 보게 돼요. 부끄러움이 많고 사회성이 많이 부족한 것은 내성적인 성격 때문이 아니에요. 내성적인 사람들은 외향적인 사람에 비해 생각을 더 많이 하고 생각이 정리되고 난후에 말을 하기 때문에 신중하고 실수가 적어요.

반면에 외향적인 사람은 생각이 정리가 되지 않아도 말하면서 생각하고 정리를 해나가기 때문에 내향적인 사람이 보기엔 너무 좋게 보이고 비교하는 마음도 생기게 되지요. 그런데 스스로를 소심하다고 보지말고 세심하다고 생각하면 어떨까요? 소심하다는 표현은 다소 부정적인 표현이지요. 세심하다는 표현은 무심하거나 무관심하지 않은 좋은 성품이고요. 바다는 세심한 성격을 타고났나 봐요. 무심하지 않고 세심한 것이 얼마나 좋은 성격인데요.

세상의 반은 외향적 성격, 반은 내향적 성격

내향적인 사람이 세상에는 아주 많은데 왜 내향성은 나쁜 성격으로 인식된 것일까요? 외향적인 사람이 높이 평가되는 이유는 그리스 로마 시대에 웅변술과 화술에 능한 사람을 높게 평가했던 것에서 찾아볼 수도 있어요. 그러나 말이 너무 많으면 실수도 많아지는 법. 이제는 좀 다른 시각으로 바라볼 필요가 있어요.

우리나라에서는 사교성이 좋고 외향적인 사람이 훨씬 좋은 사람이 라는 인식이 널리 퍼져 있어요. 예민하고 소심한 사람보다는 활발하고 분위기를 밝게 만드는 사람을 선호하다 보니 그렇지 않은 사람은 좋지 않은 성격을 가진 것으로 여겨지게 되지요.

내향적 성격이라는 뜻에는 '수동적', '소극적', '사회성 부족' 등이 포함 되어 열등감을 부추기게 되었어요. 실제로 사회생활에서 섬세하고 예 민한 성격이라야 할 수 있는 일도 참 많지요. 편견이 상처를 만들어요. 내향도 외향도 장점과 단점이 있어요. 어떤 성격도 다 나쁘지 않아요.

어떤 성격이든 존중받아야 해요

내향적 성격이 두각을 드러내는 사회로 나아가고 있어요. 효율적인 리더십을 가진 내향적 리더가 높이 평가받게 되었고 유명한 사람들의 성공 요인이 내향적 성격이라는 분석도 있어요. 훌륭한 분들 중에 내향적인 분들이 많았어요. 아인슈타인 같은 위인도 아주 심한 내향이었대요.

또한 외향적인 리더보다 내향적인 리더는 직원들의 제안에도 귀를 잘 기울이고 능력을 잘 발휘할 수 있는 환경을 만들어준다는 말도 있어요. 외향적인 리더는 자신의 의견만을 관철시키려 하기 때문이죠. 현대 사회는 카리스마 있는 태도보다 여러 사람의 의견을 포용하는 능력이 더 중요하게 되었어요. 그래서 내향적인 성격이 나쁜 건 아니라는 거예요. 이제 알겠지요?

반드시 재미있어야 하는 건 아니야

재미있는 이야기를 유쾌하게 잘해서 인기를 얻는다고 다 훌륭한 사람은 아니지요. 막 재미있게 웃기고 즐겁게 해주는 이도 있지만, 사람들은 차분히 다른 사람 말을 잘 들어주고 공감해주는 사람을 훨씬 더 좋아해요.

자신에게 없는 것에 연연해하면 자꾸 자기 자신을 못나게 생각하게 되니까 자신의 강점을 더 개발하고 살리는 것이 좋아요. 그러면 자신감도 붙고 재밌게 웃기는 친구 옆에서 진심으로 즐거워하며 웃을 수 있어요.

무조건 인기를 얻기 위해 재미있어야 하는 건 아니에요. 사람은 자기가 가진 것으로 다른 사람에게 감동을 줄 수도 있고 행복하게 해줄 수도 있어요. 타고난 성격을 싫어하면 할수록 힘들고 다른 사람과 비교되고 불행한 느낌만 불러와요.

지금의 자기 성격을 인정하고 받아들이고 좋아해주면 점점 기분이 좋아질 거예요. 자신의 성격적인 장점을 좀 더 찾아봐요. 그러면 자신도 존중하고 타인도 존중하는 훌륭한 사람이 될 수 있답니다.

또다시 왕따가 될까 봐 두려워

주원의 이야기

초등학교 5학년 때 심한 왕따를 당한 경험이 있어요. 그때 반 애들이 제 근처에도 오지 않고 저를 놀리거나 째려보거나 했어요. 점심도 같이 먹으려고 하는 애들이 없었고 저와 놀아주는 애들도 없었어요. 왕따를 당하는 건 너무 큰 상처가 됐어요. 이제 곧 고등학교에 가는데 그때 왕따 당했던 생각이 자꾸 나면서 또 무슨 이유로 왕따가 되면 어떡하나 하는 걱정이 떠나지를 않아요. 다행히 중학교 때는 그런 나쁜 애들이 한 명도 없어서 다행이었는데 고등학교는 또 어떨지 몰라서 불안해요.

_ 주원, 중학교 3학년

왕따는 또 다른 폭력

아동기와 청소년기에 왕따를 당하는 것은 극심한 폭력을 당한 것처럼 깊은 트라우마가 될 수 있어요. 주원이가 왕따 당한 걸 아신 엄마 아빠가 얼마나 걱정하셨을지 짐작이 가요. 신체적으로 괴롭힘을 당하거나 말로 괴롭힘을 당하거나 왕따, 은따, 집단 폭력 등의 죄는 일어나서는 안 되는 큰 범죄예요.

이런 일을 당한 당사자는 우울, 불안, 공포, 피해의식 등의 증상이 생길 수 있어요. 그래서 치유가 꼭 필요해요. 치유되지 않으면 점점 더 마음이 힘들어져서 공부에도 지장을 초래할 수 있어요. 누구도 이런 일을 당하면 안 돼요. 끔찍한 일이니까요.

왕따 피해자의 심리 상태

왕따를 당하면 지나칠 정도로 다른 사람을 의식하고 눈치를 보게 돼요. 그리고 자신에 대해 왜곡되게 인식하게 되고 자기 자신을 낮게 평가하게 돼요. 자신의 주장을 내세우지 못하게 되고, 나중에 성인이 된 이후에도 계속 심리적인 여러 증상을 겪게 될 수도 있어요.

친구를 사귀는 데도 어려움을 겪게 되고 부정적인 생각을 많이 하게 되지요. 타인을 신뢰하지 못하고 공부하는 것도 힘들고 성적도 낮아질 수 있어요. 또 피해자가 가해자가 되는 심리가 생길 수도 있는데 또다시 피해를 당할까 봐 다른 왕따 당하는 학생을 같이 따돌리는 가해자가 되기도 한답니다. 그러면 얼마나 마음이 아플까요? 혼자 있는 시간에 늘 죄책감에 시달리게 되겠지요.

따돌림에 대한 치유의 필요성과 방법

왕따로 인한 마음의 상처는 치유되지 않으면 건강한 어른으로 자라는 데 큰 지장을 받을 수 있어요. 그래서 왕따를 당하게 됐을 때 빠른 시간 내에 전문가의 도움을 받아 치유를 받는 게 중요해요. 주원이는 어떤 치료를 받았나요? 고등학생이 되었을 때 또 왕따 당할까 봐 불안하다고 했는데 치유가 완전히 되지 않으면 계속 불안할 수 있으니까 지금이라도 더 깊이 치유를 받았으면 좋겠어요.

왕따 당했을 때의 그 소외감과 슬픔과 공포를 심리치료전문가에 털어놓게 되면 점점 치유가 일어나게 돼요. 엄마 아빠에게 자세히 말을 해도 좋아요. 왕따 트라우마는 정말 무서워요. 트라우마도 치유되면 사라지게 돼요.

한 명에게만 무시당해도 너무 힘든데 학교 왕따는 여러 명의 같은 반 애들이 한꺼번에 괴롭힌다는 점에서 상처와 충격이 깊게 남을 수밖에 없어요. 자존감은 낮아지고 자존심은 세져서 아주 예민해져요. 조그만 것에도 상처를 쉽게 받게 되고 그 상처를 마음 깊은 곳에 묻어두게 돼요. 상처가 한 번 터지면 자기 존재가 와르르 무너질 것 같은 두려움이 커지기 때문에, 아무한테도 털어놓지 못하게 되는데 이러면 더 큰 증상이 생기게 돼요.

왕따에 따른 상처 때문에 소외감이 너무 들어서 아주 심한 우울증에 시달리게 되기도 하는데 다른 사람들이 쳐다보기만 해도 많이 힘들게 돼서 밖에 나가는 걸 꺼리게 되기도 하지요.

가족들에게도 왕따 사실을 알리고 선생님께도 알려야 해요. 그래야 해결 방법이 있어요. 부끄러워서 혹은 보복당할까 봐 말하지 않고 있으면 더 힘든 일이 생긴다는 걸 명심해야 해요.

부끄러워하지 말아요

따돌림을 당하는 것을 너무 부끄럽게 생각하지 말아야 해요. 따돌림 시킨 애들이 나쁜 거니까 자책하지도 말아야 해요. 부끄러워서 왕따를 당한 사실을 숨기면 계속 왕따를 당하게 되니까 여러 사람들에게 자꾸 털어놓는 게 좋아요.

초등학생 때 따돌림을 당해서 힘들었을 텐데 중학교 땐 잘 지낸 것 같아 참 대견해요. 곧 고등학교에 가게 되는데 불안이 올라오는 게 당연해요. 하지만 너무 큰 불안이 올라오면 안 되겠죠. 왕따는 주원이 잘못이 아니었어요. 왕따 시킨 애들이 나쁘고 죄를 지은 거예요. 평생 갚기 힘든 잘못을 크게 저지른 거죠.

두려움을 가지면 자꾸 눈치 보게 되고 안 좋은 모습을 보이게 되니까 왕따를 또다시 당하게 될 가능성을 키우게 돼요. 이제 힘든 순간은 지나갔어요. 자신이 반드시 행복해지고 좋은 친구도 더 많이 사귀게 될 거라고 생각해봐요. 치유되고 불안한 생각도 정리하고 기쁘고 행복한 시간이 찾아올 거라 기대해봐요.

그 힘든 시간 잘 견뎌줘서 고마워요. 등을 토닥토닥 두드려주고 싶어요. 앞으로 행복해질 거라고 몇 번이고 말해주고 싶어요.

나는 여자인데,
자꾸 여자가 좋아져

소미의 이야기

제 친구는 또래 남자애가 너무 좋다고 얘기하는데 저는 자꾸 여자애가 좋아

져요. 어릴 땐 몰랐는데 중학생이 되고 나서 예쁜 여자애들 보면 막 설레고

좋아하는 마음이 생겨요. 제가 동성애자인가요? 지금 여중에 다니는데 그래

서 그럴까요? 왜 이런지 모르겠어요. 저는 얼굴도 안 예쁘고 좀 남자처럼 생

겼거든요. 제 맘을 모르고 제가 좋아하는 그 애는 저를 거들떠보지도 않아요.

예쁜 그 애가 절 좋아해줬으면 좋겠는데.... 자꾸 집착하게 돼요. 아무한테도

얘기 못했지만 제 자신이 자꾸 이상해지는 것 같아 무서워요. 정말 제가 동

성애자면 어떡해요?

_ 소미, 중학교 2학년

그럴 수도 있어요

여중이나 여고에 계속 다니는 경우, 여자 친구가 좋아질 수 있어요. 특히 많이 외롭거나 힘들면 가까이에서 볼 수 있는 친구에 대한 감정이 아주 커지면서 이상한 느낌이 들기도 하고 동성애자가 아닐까 하는 생각이 들기도 해요.

소미가 자란 환경이 사랑과 관심이 부족한 환경이 아닌지 돌아볼 필요가 있어요. 사람은 누구나 외로움이 커지면 다른 사람에게 집착하는 모습이 나타나고 누가 나를 많이 좋아해줬으면 좋겠다고 생각하게 되거든요. 그리고 소미가 좋아하게 된 아이가 예쁘다고 했는데 예쁜 애를 누구든 좋아할 수 있지요. 사람은 본능적으로 처음에는 외모가 예쁜 사람에게 호감을 느끼게 돼 있어요.

그러나 시간이 지나면서 그 사람의 내면을 보게 되는데, 아무리 예쁜 사람이라도 내면이 예쁘지 않으면 점점 실망하게 되고 좋아하는 마음이 줄어들게 되지요. 그래서 점점 알게 돼요. 외모가 예쁜 것보다는 내면이 예쁜 것이 더욱 오래가고 진정한 친구도 될 수 있다는 사실을 말이에요.

누군가를 좋아한다는 것

소미가 좋아하는 그 애가 소미를 좋아하지 않아서 마음이 아플 것 같아요. 자신의 외모를 싫어할 것이라고 생각하는 것 같은데 그럴 필요 없어요. 다시 말하는데 소미의 진심과 멋진 내면세계를 그 아이에게 알려주는 계기를 계속 만들어서 다가가 봐요.

어쩌면 처음에는 얼굴이 예뻐서 끌렸겠지만 시간이 지나면 그 아이의 마음과 소통이 되는 것이 더욱 중요한 것임을 알게 될 거예요. 그리고 그 아이가 별로 좋은 성품을 가지지 않았다는 걸 알게 된다면 점점 싫어질 수도 있겠지요.

누구와도 친구가 될 수 있어요. 친구가 생긴다는 건 항상 행복한 일이죠. 누군가를 좋아하는 것이 나쁜 건 결코 아니에요. 오히려 그 반대죠. 좋아할 수 있는 마음은 건강한 마음이고 누구에게나 싫은 마음이 든다면 그게 건강하지 않은 마음이지요.

또 내가 좋아하는 사람이 나를 좋아하지 않는다면, 그건 가슴 아픈 일이겠지만 그것도 어쩔 수 없이 받아들여야 하는 거죠. 그럴 수도 있다는 걸 받아들이다 보면 마음이 넓어지고 포용력이 더욱 생기게 되어, 앞으로 거절당하는 아픔을 겪어도 금방 회복되는 견고한 마음이 자라게 된답니다.

동성을 좋아한다고 동성애자는 아니야

다가가서 실제의 그 애와 친해져보기도 전에 설레는 감정만으로 동성애자가 아닌지 걱정하는 건 해로워요. 일반적으로 남자는 여자를, 여자는 남자를 좋아하게 되는 것이 본능이며, 이성끼리 서로 끌리고 사랑하게 되어 결혼하고 자식을 낳아 행복한 가정을 꾸리는 것이 순리라고 생각해요. 요즘은 동성애에 대해 비교적 관대해졌지만 아직도 편견은 존재하고 동성애자가 되면 그 편견과 맞서 싸워야 하는 문제까지 발생해서 참으로 힘들 거예요.

이미 동성애자가 된 사람에게 너무 가혹하게 비난을 퍼부어대는 것도 나쁜 짓이지만 동성애가 아닌데 착각하고 혼란에 휩싸여서 성 정체성을 잘못 가지게 되어 동성애자가 된다면 그 고통은 훨씬 더 커지게 되겠지요. 동성끼리 깊은 우정을 쌓으며 친밀하게 지내는 친구관계는 세상을 살아가면서 꼭 필요한, 소중한 관계라고 생각해요. 그러니 자신이 동성애자가 아닌지 혼란스러워하지 말고 좋아하는 그 애한테 다가가 말을 걸고 친구가 되고 싶다고 말해봐요. 만약 그 애가 받아들이지 않는다면 잊어버리고 다른 친구를 찾으면 돼요. 꼭 그렇게 하길 바라요.

여자친구가 헤어지재,
너무 괴롭고 힘들어

하준의 이야기

일 년 정도 사귄 여자친구가 있어요. 고3이 되더니 얘가 헤어지자고 해요. 저는 그 애를 진심으로 좋아하는데, 앞으로 대학생이 되어도 헤어지지 않고 결혼까지 생각할 정도로 좋아하거든요. 그런데 걔는 고3이 됐으니 공부에만 전념하고 싶다고 하면서 헤어지자는 거예요. 그때부터 공부도 안 되고 슬픈 마음만 들어요. 모든 여자들이 싫고 미워져요. 제가 헤어지지 말자고 매달리면 될까요?

_ 하준, 고등학교 3학년

좋은 이별을 위하여

일 년간이나 사귄 여자친구가 헤어지자고 하면 앞이 캄캄해지고 가슴이 철렁할 거예요. 공부도 안 되고 모든 걸 다 놔버릴 정도로 힘든 감정이 생길 수 있어요. 얼마나 좋아했으면 결혼까지 생각할 정도였을까요. 여자친구가 헤어지자는 이유가 고3이 되었으니 공부에 집중하자는 거잖아요. 그러면 무조건 가슴 아파하지만 말고 하준이도 공부에 전념할 수 있는 기회를 얻은 거라고 생각하면 안 될까요?

아마 여자친구가 매우 합리적인 성격이어서 고3인데도 계속 교제하면 공부에 방해가 된다는 생각을 강하게 했을 수도 있어요. 여자친구의 생각을 존중해주고, 대학에 들어간 이후에 다시 만나면 어떨까요? 그때쯤 되면 하준이 쪽에서 이미 다른 여자친구를 좋아하게 돼서 이 친구가 생각나지 않을 수도 있어요. 사람의 감정은 흐르고 또 변하기 때문에 모르는 일이지요.

그러나 그때 가서도 이 여자친구를 잊지 못하고 좋아하는 마음이 그대로 있으면 다시 사귀자고 해봐요. 두 사람이 결혼할 운명이라면 계속 이어지게 되어 있고, 지금 헤어져 있어도 결국엔 다시 만나게 될 거예요. 그래서 지금의 이별이 나중을 위해서 좋은 이별이 되도록 보내주는 게 좋을 것 같아요. 잠시 가슴 아프겠지만 이별의 아픔을 공부의 집중도를 높이는 데 사용하여 더욱 박차를 가할 수도 있을 거예요.

혹시 슬픔이 계속 된다면

하준이는 마음이 여리고 따뜻한 것 같아요. 이별 후에 느끼는 슬픔을 솔직하게 표현하는 걸 보면 말이죠. 시간이 많이 지나도 슬프고 힘든 감정이 계속 된다면 그 여자친구에게 마지막으로 한 번만 대화를 하자고 제안해보세요. 의사소통을 충분히 할 겨를도 없이 일방적으로 이별 통고를 받은 것이라면 더욱 마음이 답답하고 불안할 수 있거든요.

만나주지 않겠다고 하면 "네 말을 존중해. 하지만 마지막으로 대화를 충분히 나누고 나서 좋은 이별을 하고 싶어"라고 말해보세요. 충분히 서로의 마음을 나누지도 못한 채 좋아하는 사람을 잃어버리고 나면 그 후유증이 훨씬 길게 가니까 학업에도 지장을 받게 될 거예요.

충분히 대화를 하고 진심을 전달하세요. 예를 들어, "네가 고3이 되어 공부에 지장이 많아서 잠시 헤어지려고 하는 것을 이해해. 나는 사실 마음이 몹시 힘들지만 네 의견을 존중할게. 하지만 우리가 고등학교를 졸업하고 나서도 마음이 변하지 않고 그대로라면 다시 만나자"라고 말해보세요.

이런 대화가 슬픔의 시간을 단축시켜줄 거예요. 원치 않는 이별도 상처가 된답니다. 이 상처를 그냥 눌러놓고 들여다보지 않으면 트라우마가 되어 평생을 괴롭힐 수도 있어요. 그래서 지금의 상처를 치유하고 더욱 성숙한 사람이 되는 계기를 마련한다면 이런 이별은 '좋은 이별'이 될 수 있어요.

이별이 힘들다고 강요하면 안 돼

아픔을 견디지 못한다고 상대방에게 이별하지 말자고 매달리면 집착이 되죠. 가장 못난 사람이 상대를 존중하지 않고 계속 매달리는 사람이 아닐까 싶어요. 집착은 사랑이 아닌데 자신의 사랑이 아주 크다고 착각하는 거지요. 스토커 같은 유형도 사랑이라고 잘못 생각하고 집착하는 병적인 상태를 일컫는데, 지독한 스토커가 헤어진 여자친구를 위협하거나 살해하는 일까지 벌어지는 걸 보면 정말 심각한 일이 아닐 수 없어요.

물론 하준이는 순수한 마음에 처음 당한 갑작스러운 이별이 아프고 혼란스러울 뿐 그 정도까지는 아니라고 생각해요. 자꾸 매달리면 잠시 곁에 남아 있을 수 있지만 또다시 떠나려고 할 거예요. 그리고 합리적인 이유를 말했는데도 감정적인 어려움 때문에 매달린다면 여자친구는 하준이에게 매력을 느끼지 못해서 다시는 만나고 싶지 않다고 생각할 수도 있어요.

아직 어린 나이에 하는 이별이 힘들겠지만 이 시기를 잘 넘기면 더욱 훌륭한 어른으로 성장할 수 있답니다. 이런 계기를 통해 다음에는 이성교제를 더욱 잘 할 수도 있고 상대를 좀 더 소중하게 생각게 되리라 믿어요.

미술치료

미술치료

미술치료는 그림을 그려서 자신의 억눌려진 마음을 표현하고 털어내는 방법입니다. 스케치북이나 종합장 같이 빈 종이를 준비해서 낙서처럼 그려도 괜찮습니다. 마음속에 불안이 큰 학생이 아주 무서운 그림을 그리면서 카타르시스를 느끼는 것을 보기도 했습니다.

마음속에 일어나는 여러 가지 감정들을 추상적으로 그려도 좋습니다. 글을 쓰는 것보다 그림 그리는 것을 더 좋아하는 사람은 글 대신에 그림으로 매일 일기 쓰듯이 그리는 것도 아주 좋습니다.

그림은 그린 사람의 마음과 정서적 표현이 잘 나타나 있습니다. 도화지 위에다 자신의 마음을 펼쳐내는 기분으로 마음껏 그려보세요. 그리는 도구는 색연필, 크레파스, 물감 등 무엇이든 좋습니다. 사과를 까맣게 칠해도 좋고 꽃을 파랗게 칠해도 괜찮아요. 자신의 마음속에 흐르는 감정이니 어떤 그림도 자유롭게 그릴 수 있습니다.

미술치료로 도움을 받은 사례

고등학생 D양은 글을 쓰는 것보다 그림 그리는 것을 좋아한다고 했어요. 그래서 매일 그림으로 자신의 마음을 표현하듯이 그려보라고 했어요. 아래에 소개한 그림을 참고로 자신이 그리고 싶은 걸 마음껏 그려봐요. 때로는 낙서를 해도 되고, 원하는 색깔로 색칠만 해도 돼요. 마음속 찌꺼기와 응어리를 그린다는 느낌으로 마음껏 그려보세요. 조금 후련해지는 느낌을 받을 거예요. D양은 가끔 끔찍한 그림도 그렸는데 그건 자기 내면의 분노를 표현하는 거라고 말했어요. 그러면서 분노가 점점 치유되고 편안해졌어요. 아래 그림들을 보면서 친구들의 마음을 살펴보세요.

➡ 언제나 외톨이였던 여고생의 그림. 사람들이 즐겁게 먹고 떠드는 파티를 혼자 내려다보는 그림으로 자신의 외로움을 표현했어요. 자신의 내면에 있는 감정을 이렇게 그림으로 표현해보세요.

➡️ 언젠가 프랑스로 여행가서 근사한 카페에 앉아 우아하게 차를 마시고
싶은 마음을 그림으로 표현했네요. 지금 현실이 답답해도 미래의 희망을
담아 그림으로 표현해보세요. 마음의 간절함은 꿈을 이루게 하고 현실의
아픔을 치유하는 힘이 있어요.

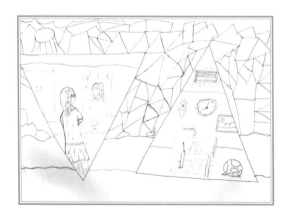

➡️ 마음속에서 일어나는 복잡한 감정을 추상적으로 그렸네요. 깨어진 거
울과 책상, 창살, 시계 등…. 힘들고 괴로운 감정을 글이나 그림으로 풀

어내면 많은 도움이 된답니다.

(앞의 그림처럼 자신의 마음과 꿈, 일상생활과 관련된 그림을 자유롭게 그려보
세요.)

또한 시화도 자신의 마음을 표현하는 데 큰 도움이 되어요. 마음에서 우
러나오는 것들을 시로 표현해보고 그에 어울리는 그림도 직접 그려보세
요. 자신의 마음에 집중하는 시간을 가지면서 시화 작업을 하다 보면 마
음이 편안해지고, 한결 가벼워지는 느낌을 받을 수 있을 거예요.

예쁜 목련나무 그림이 돋보이는 시화예요. 목련이라는 시를 통해 자

신의 내면에 있는 희망을 끌어올리고 있어요.

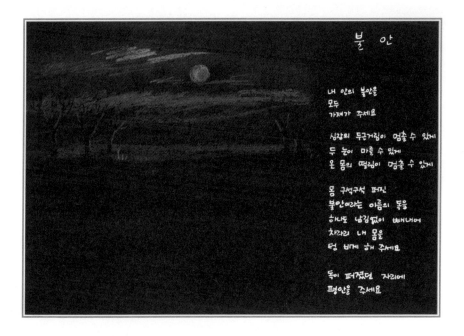

불안

내 안의 불안을
모두
가져가 주세요

심장의 두근거림이 멈출 수 있게
두 눈이 마를 수 있게
온 몸의 떨림이 멈출 수 있게

몸 구석구석 퍼진
불안이라는 이름의 독을
하나도 남김없이 빼내어
차라리 내 몸을
텅 비게 해 주세요

독이 퍼졌던 자리에
평안을 주세요

➡ 불안이 아주 심했던 친구예요. 그림 속에서도 불안한 심리가 보이지

요? 표출하고 털어내면 가벼워지는 마음을 경험할 수 있어요.

(앞의 시화처럼 자신의 내면을 표현할 수 있는 시화를 만들어보세요.)

PART

5

어른이 되기 전에
알아야 할,
나를 위한 마음 습관

행복

긍정의 언어로 표현하는 습관

자꾸 부정적으로 생각하고 말하게 된다면

저는 잘 몰랐어요. 친구들이 저보고 '너는 왜 매사에 그렇게 부정적이냐? 뭔 불평불만이 그렇게 많아?'라고 자주 말하는데 생각해보니 제가 그런 것 같더라고요. 항상 부정적인 것만 보고 부정적으로 말하는 게 습관이 되어 있는 것 같아요. 아빠도 그런데 아빠 닮아서 그런 걸까요? 부정적으로 자꾸 말하니까 불안해지고 마음도 어두워지는 것 같아요. 성격도 자꾸 나빠지는 것 같고요. 말하는 습관을 바꾸려면 어떻게 해야 해요?

_ 지호, 고등학교 1학년

습관이 되는 말과 행동들

부정적인 말은 습관이 되어 그런 경우가 많아요. 매사에 부정적으로 보이니까 말도 부정적으로 하게 되었을 텐데 아무 생각 없이 습관적으로 흘러서 굳어져버리면 노력을 열심히 해서 고쳐나가야 해요.

이런 습관은 부모님에게서 물려받은 경우도 많은데 아빠가 부정적으로 말씀을 많이 하시나 봐요. 그런 아빠의 말이 지호에게는 어떻게 느껴졌나요? 별로 좋게 생각되지 않았을 것 같아요. 그런데 자꾸 부정적으로 말하는 걸 듣게 되면 그 말이 싫으면서도 자기도 모르게 부정적으로 말하게 되는데, 나중에는 긍정적으로 말하는 법을 잊어버릴 정도로 굳어져버리게 되지요.

부정적 생각이 부정적 말을 불러

부정적인 생각을 자꾸 하게 되면 부정적인 말이 저절로 흘러나오게 돼요. 세상이 모두 잘못됐다는 생각을 하면 희망은 보이지 않고, 아무리 노력해도 이 세상이 잘못됐으니까 행복하게 살 수 없을 거라는 생각을 하게 되지요.

부정적인 생각을 자꾸 하면 불안한 마음이 들게 되고 심리적으로도 문제가 생길 수 있어요. 예를 들어 바닷가에 놀러 가서 일박을 하게 되었는데, 언젠가 본 영화의 한 장면인 쓰나미가 몰려오는 장면을 떠올리게 되자 계속해서 쓰나미가 몰려와서 죽을지도 모른다는 생각이 올라올 수 있어요. 그리고 그 생각이 멈추지 못하면 아주 불안해져서 잠을 자지도 못하게 되고 말아요.

부정적인 생각은 예전에 있었던 나쁜 기억이 부정적인 감정을 만들어서 밝고 희망적인 것들을 마음속에서 죽여버리고 어둡고 암울한 감정만 부추겨서 생기는 거예요. 그런 생각이 강박적으로 이어지면 숨쉬기 힘들 만큼 불안해지기도 해요.

그리고 이런 어둡고 불안한 것들이 가득해지면 친구들에게나 가족들에게 말을 할 때에도 부정적이고 어두운 말만 하게 돼요. 불안하니까 그런 말들을 더 많이 하게 되고요. 쓸데없는 걱정도 많이 하게 되고 안 좋은 생각, 무서운 생각이 꼬리를 물고 일어나기도 해요.

가만히 생각해보면 좋은 일도 많았을 것이고 기분 좋은 감정도 많이 있었을 텐데, 부정적인 말은 이전의 좋은 감정을 못 느끼게 만들 만큼 힘이 세답니다.

솔직한 마음 표현하기

친구들이 "넌 왜 이렇게 부정적이냐?"라고 비난하거나 빈정댄다면 솔직하게 이렇게 말해봐요.

"그렇게 보이지? 그러게. 난 왜 이렇게 부정적인 생각과 말만 하는지 모르겠어. 나도 그러고 싶지 않은데 나도 모르게 그렇게 돼. 너희들이 이런 점을 고칠 수 있게 도와줘."

솔직하게 마음을 오픈할 때 친구들은 더 이상 비난하지 않고 도움이 되는 조언을 해줄 거예요. 그리고 지호가 일부러 그러는 것이 아니라는 것과 지호의 어려움도 이해하게 되리라 생각해요. 창피해서 친구들의 말에 반박하거나 부정하면 친구들은 더 놀리고 싶은 마음이 들 거예요.

"너는 뭐 잘 하냐? 너도 똑같아"라는 식으로 대응하면 친구관계도 위태로워지겠지요. 사람은 누구나 단점이 있어요. '누가 내 단점을 눈치채면 어떡하지?'라는 생각을 많이 할수록 자신감은 떨어지고 눈치를 보게 돼요.

차라리 내 단점을 정확하게 인식하고 솔직하게 인정하면 마음이 편해지고 다른 사람들도 솔직한 태도를 좋게 보게 되지요. 자존감이 약한 사람일수록 자신의 단점을 들키게 될까 봐 전전긍긍하게 되고 들켰을 때 강하게 부정하는 거예요.

감사한 것 찾아보기

차분히 생각해보면 부정적으로 생각하게 되는 것도 있지만 그보다 긍정적인 것도 많이 있을 거예요. 긍정적인 상황들은 감사하는 마음으로 표현할 수도 있어요. 자, 감사한 것들을 종이에 한번 적어볼까요? 부모님이 지금까지 키워주신 것, 학교를 다닐 수 있는 것, 친구들이 있다는 것, 건강한 것, 햇살을 쬐며 걸을 수 있는 것, 숲의 향기를 맡을 수 있는 것, 아름다운 음악을 들을 수 있는 것, 맛있는 것을 먹을 수 있는 것 등…. 감사할 것들은 정말 많답니다.

'감사할 거리'들을 찾아보는 일이 부정적인 말과 태도를 변화시킬 수 있는 가장 빠른 방법이 아닐까 싶어요. 그리고 자기 자신에 대한 부정적인 인식을 버려야 말도 건강해지지요. 자신을 좀 더 사랑해주고 인정해주길 바라요. 스스로를 존중하고 소중하게 생각해야 남도 그렇다고 느낄 수 있어요. 자신에겐 무한한 잠재력도 있고 훌륭한 사람이 될 수 있다고 스스로를 북돋아줘요.

자기 자신이 만족스럽지 않고 못났다고 생각할수록 다른 사람도 다 못마땅히 생각하게 되어요. 그러니 먼저 나 자신을 용납하고 좋아해주고 인정해주는 게 필요해요. 자신의 장점을 찾아 큰소리로 말해주고 감사한 일을 찾아간다면 분명 조금씩 말이나 행동에 긍정적인 변화가 있을 거예요.

내 자신을 사랑하는 습관

내 자신이 답답하고 싫어진다면

저는 자주 제 머리를 때리면서 '어휴, 바보 같이', '넌 죽어야 해' 이런 말들을 많이 해요. 제 자신이 너무 답답하고 한심해요. 항상 좋은 모습은 못 보이고 모두들 싫어하는 행동만 하고 있는 것 같아요. 사람들이 뭐라 하기만 해도 주눅이 들고, 그러면 저는 더 자책하고요. 자꾸 중얼거리면서 제 자신에게 안 좋은 말을 하고 있어요. 제가 저를 존중하고 사랑해야 한다고 하셨잖아요. 그런데 그렇게 하기가 너무 힘들어요.

_ 보람, 중학교 3학년

이유를 찾아야 해

보람이는 무의식중에 자기 자신을 힐난하고 있나 봐요. 매사에 자괴감이 들고 회의감이 들어서 몹시 힘들겠다는 생각이 들어 안쓰럽네요. 왜 이렇게 되었을까요? 우선 그 이유를 찾아보는 게 급선무예요.

어렸을 때부터 누군가 보람이를 미워하고 꾸중을 많이 했나요? 칭찬받은 적이 거의 없었나요? 만약 칭찬을 받은 적이 없고 꾸중만 많이 듣고 자랐다면 누구나 보람이처럼 스스로의 모습을 바보 같다고 생각하게 될 거예요.

무의식적으로 하게 되는 많은 잘못된 행동들이 이유 없이 생기지는 않아요. 너무 어릴 때부터 꾸중을 많이 듣고 자라서 뭐든 잘하지 않으면 안 된다는 생각을 많이 하게 되면 자기 기준이 매우 높아지게 돼요.

'나는 이 정도는 돼야 해', '공부는 항상 1등을 해야만 해', '이 정도 예쁘지 않으면 아무도 나를 사랑하지 않을 거야', '이런 나를 누가 좋아하겠어?', '나 자신이 너무 싫어' 이런 생각이 자꾸 커지면서 죽고 싶어 하는 마음까지 들게 되면 얼마나 불행하고 힘든 시간을 보내야 하는지 몰라요.

이 정도의 생각을 하게 되는 건 이미 우울증 상태가 되었다고 볼 수 있어요. 우울증이라는 병은 치료를 받으면 낫게 되는데, 치료받지 않고 방치해두면 점점 문제가 심각해져서 자살이라는 극단적인 선택으로 치닫기도 한답니다.

자아상의 치유가 필요해

누구도 완벽한 사람은 없어요. 엄마 아빠의 기대가 높아서, 혹은 맏이여서, 혹은 꾸중을 많이 듣거나 체벌을 심하게 받아서 등의 이유가 있다면 마음에 상처가 많이 쌓였을 거예요.

어렸을 때는 실수하고 넘어져도 '괜찮아, 그럴 수 있어. 다시 일어나면 돼'라는 말을 들어야 해요. 그런 말 대신에 '또 넘어졌어? 아직도 그런 실수를 해?'라는 핀잔을 듣게 되면 상처가 생기고 자신감도 같이 떨어지게 돼요. 잘 생각해봐요. 그런 이유가 있는지. 그런 이유가 있다면 치유를 받아야 해요. 자아상이 더 병들기 전에 치유받으면 건강한 자아상을 가진 사람으로 성장하게 되지요.

마음의 치유는 무슨 상처가 있는지 발견하는 것에서부터 시작된다는 걸 꼭 명심해요. 그 상처가 부끄러워서 들여다보지 않고 방치해두면 큰일 나요. 모든 사람은 상처를 받고 살게 되는데 훌륭한 인품을 가진 사람이 된다는 건, 그 상처를 치유하고 힘든 상황을 잘 극복해낸 사람이 된다는 뜻이랍니다. 보람이도 그렇게 될 수 있어요.

치유 이후엔 자유로워지지

상처받은 마음이 치유되어야 자유로워져요. 그렇지 않으면 쉽게 지치고 회의감이나 허무감에 사로잡히게 돼요. 가장 큰 문제는 자기 자신을 싫어하게 되는 것인데, 자기를 싫어하면 이 세상을 살고 싶지 않게 되겠지요. 그러면 무슨 꿈이나 희망이 생길 리가 없겠지요?

다른 사람이 자꾸 신경 쓰이고 잘 보이고 싶고 나쁜 점을 들키고 싶지 않은 것도 자유로워지지 못한 마음이지요. 마음이 건강하다면 자신의 단점을 들켜도 별로 부끄럽지 않고 더 노력해서 단점을 보완하려는 생각이 들게 되지요.

자유롭지 않으면 집에 돌아와 하루 동안 자신이 했던 행동과 말을 심하게 후회하고 쥐구멍에라도 들어가고 싶어지는 마음이 들게 되지요. 이런 자책에 시달리니까 반성과 성찰을 통해 성장할 수 있는 기회조차 잃어버리게 되고요.

'깨달음'이라는 것은 치유와 함께 오는 놀라운 성장 자원이라는 걸 기억해야 해요. 다른 사람의 시선에 사로잡히지 말고 스스로 성장하려는 깨달음. 이것이 정말 중요해요. 스스로를 자책하고 자학하는 대신 깨달음을 위해 이유를 찾고 감정을 찾고 자신이 정말 잘못한 것과 그렇지 않은 것도 찾아봐요. 나약한 점도 인정하고 강점도 인정해봐요.

자신을 싫어하게 되면 우울하고 무기력해져서 아무것도 하기 싫어져요. 그러면 앞으로도 더욱 못난 자신이 되어갈 것이라는 부정적인 예측만을 하게 되겠지요? 지금부터라도 세상에서 단 하나의 놀라운 존재인 자기를 찾고 인식하고 인정해주길 바라요.

있는 그대로의 지금 나를 인정하기

지금 그대로의 나를 인정해주고 사랑해주기 시작해야 해요. 자신에게 있는 사랑스러운 점을 찾아봐요. 분명히 있을 거예요. 실수할 수도 있는 연약함도 인정해줘요. 왜 실수했는지 분석해보고 다음에는 같은 실수를 반복하지 않도록 노력하는 것이 더욱 중요해요.

잘못된 것은 비난하지 말고 고쳐나가면 되지요. 게으르고 짜증만 가득한 자기 자신을 싫어하고 밀어내지 말고, 왜 그렇게 되었는지 살펴주고 자신을 위로해주세요. 연약하고 못난 자신을 스스로 안아주고 조금씩 힘을 내자고 말해주세요.

사람들이 자신에게 했던 말들을 하나씩 씻어내는 것도 중요해요. 비난의 말들을 내면 깊숙한 곳에서 끌어내서 "나는 그런 말을 들어야 할 이유가 없어. 나는 나야!"라고 말해주세요. 스스로를 수용하고 못난 모습과 예쁜 모습 모두 받아주기 시작하면 조금씩 행복한 느낌이 와요.

소심하고 자신감 없는 모습조차도 받아주고 이해해주면 좋겠어요. 다른 애들보다 못생겼다는 생각에 우울하다면 그 애들이 가지지 못한 나만의 장점을 찾기를 바라고, 그 누구도 나를 상처 줄 수 없다고 생각하면 좋겠어요.

우울해지면 자꾸 사람을 더 피하게 되는데 그러면 고립되고 외로워지니까 일부러 친구도 만나고 말도 걸어봐요. 내가 생각했을 때 다른 애들은 다 나보다 낫다는 생각이 들 수도 있는데, 그렇지 않다는 걸 가까이 다가가보면 알 거예요. 그 어떤 것도 비교는 안 돼요. 비교하는 순간 누구든 자신이 못났다고 생각하며 자책하게 되니까요. 완벽한 사람은 하나도 없어요. 이제부터 조금씩 자신을 존중하고 사랑해가면 돼요.

내 성격을 그대로 받아들이는 습관

나와 타인의 성향을 이해하고 싶다면

준영의 이야기

성격이 서로 다르면 갈등이 많이 생기게 되나요? 엄마 아빠도 서로 성격이 달라서 많이 싸우시는 것 같고, 저도 친구들이랑 성격이 안 맞으면 정말 힘들어서요. 저는 좀 예민하고 상처를 잘 받는 것 같아요. 그래서 털털하고 상처 안 받는 친구들 성격이 정말 부러워요. 저는 감정이 쉽게 상하는 것 같아요. 남자 성격이 이러면 안 되잖아요. 좀 더 남자다운 성격으로 바꾸고 싶어요.

_ 준영, 고등학교 1학년

갈등을 부르는 성격 차이

사람의 성격이 서로 다르면 갈등이 생기기 쉽고 서로 상대방을 이해하기 어려워요. 그래서 사소한 문제가 생겨도 생각하는 방향이 다르기 때문에 쉽게 해결되지 않지요. 엄마 아빠 성격이 달라서 자주 싸우신다고요? 참 힘들겠어요. 싸우는 부모님을 보는 것만큼 힘든 건 없거든요.

결혼하기 전에는 매력적으로 보였던 나와 정반대의 성향이 결혼 후에는 갈등의 주범이 돼요. 대부분의 부부는 성격이 전혀 다른 사람들끼리 결혼해요. 신기할 정도로 서로 성격이 다른 경우가 많아요. 그렇다고 성격이 똑같다고 갈등이 일어나지 않는 건 아니에요. 너무 똑같아서 타협의 여지가 없어서 갈등이 계속 일어나는 경우도 많거든요. 성격이 같으면 이해하는 속도는 빠르겠죠. 갈등이 깊어지고 힘든 이유는 이해하지 못하기 때문이니까요.

예민한 성격이 나쁜가요?

그러면 예민한 성격이 나쁜 성격일까요? 민감하고 섬세하고 세세한 것도 기억하고 해내는 성향인데 나쁠 이유가 없겠지요. 민감하고 섬세하다 보니 까다롭다고 오해받기는 쉬워요. 그렇다고 둔감한 것이 나쁜 건 아니랍니다. 조금 무디지만 웬만한 일은 집착하지 않고 넘어가는 성격을 가진 사람이 좋은 점도 많아요. 스트레스도 많이 받지 않고 함께 하는 사람도 편안하게 해주고요.

섬세한 성격의 사람만이 잘할 수 있는 일도 많아요. 우리나라 사람들은 소심한 것과 섬세한 것을 같은 것으로 여기고 혈액형 A형이 아주 소심한 성격이라고 여기고 있어요. 하지만 혈액형과 성격과는 아무 상관이 없어요. 단 네 가지의 성격만으로 수많은 사람들의 성격을 다 묶을 수도 없고요.

예민해서 상처를 잘 받는다고 했지만 사람은 누구나 상처를 잘 받아요. 다만 성격에 따라서 티가 많이 나는 사람이 있고 전혀 티가 나지 않는 사람도 있다는 차이점이 있을 뿐이에요. 그리고 부드럽고 여린 성격의 사람은 상처를 받게 되었을 때 조금 더 심한 아픔을 느낄 수도 있어요. 그런 점이 나쁘다고 할 수는 없는 거예요.

어떤 성격이든 상처를 많이 받아서 마음속에 분노감을 많이 갖고 있으면 화를 잘 내고 다혈질처럼 보이게 돼요. 섬세하고 민감한 성격인데 분노가 많으면 어떨까요? 자주 화를 내면서 날카롭게 반응하겠지요? 그런 사람을 많이 보다 보니까 민감하고 예민한 성격을 나쁜 성격이라고 규정짓게 되는 거예요. 그러나 예민하고 섬세하지만 분노가 없는 사람은 그 어떤 사람보다 더 따뜻하고 부드러운 모습을 보이게 돼요. 많은 사람들이 생각하는 성격에 대한 상식들 중에는 틀린 것들이 너무 많다는 걸 꼭 기억해요.

여자인데 털털한 성격?

다른 사람들이 기분 나빠할까 봐 혹은 상처받을까 봐 상대방을 대할 때 아주 조심스러운 사람들이 있어요. 그런 사람이 소심해 보이기도 하지요? 소심함의 반대는 대범함인데 대범한 성격이 좋다고들 알고 있어요. 그러나 나는 꼭 말해주고 싶어요. 소심함도 대범함도 다 좋고 다 필요하다고.

또 여자인데 너무 남자 같고 털털한 성격을 가졌다고 그런 자기 성격이 너무 싫다는 친구를 봤어요. 그런 생각을 할 필요가 없지요. 여자는 여자 성격이어야 하고, 남자는 남자 성격이어야 한다는 것은 선입견이고 편견이에요. 예민한 성격이나 털털한 성격이나 각자 장점이 있고 각자 단점도 있어요.

남자는 남자다워야 하나?

준영이는 섬세하고 예민한 기질이 여자 성격이라고 생각하나 봐요. 남자답지 않은 자신이 싫어서 남자 성격을 가지고 싶다는 생각을 하고 있군요. 그런 편견이 자신을 힘들게 하는 거예요. 준영이의 성격이 참 좋아요. 섬세하고 민감한 성격에 맞는 직업을 잘 찾아 간다면 정말 좋겠어요.

남자는 남자다워야 한다는 말이 많은 남자를 힘들게 해왔어요. 남자나 여자나 모두 여러 가지 성격유형이 다양하게 나타나요. 성격에 맞게 각자의 적성을 잘 찾아가는 것이 중요하지 '여자 같다', 혹은 '남자 같다'는 식으로 이원론적 생각을 하는 게 잘못된 거라 여겨주면 좋겠어요.

준영이는 꼭 훌륭한 사람이 될 거예요. 섬세하고 민감한 성격이 사람들에게 많은 도움을 주고 따뜻하며 공감을 잘하는 사람으로 보이게 할 거예요. 그러니 지금 당장 자신의 성격이 나쁘다고 생각하는 것을 멈추어야 해요.

[지난 시간의 상처를 극복하는 습관]

아픈 기억을 떨쳐내고 싶다면

미나의 이야기

저는 상처가 많아요. 그래서 사람에게 쉽게 다가가지 못하고 성격도 모나게

변했어요. 엄마 아빠한테 많이 맞았고 욕도 많이 들었어요. 학교에서는 왕따

도 당해봤고 친구들에게도 자주 상처받았고요. 아무 생각 없이 함부로 나에

대해 말하는 거 그게 다 상처였어요. 저는 이렇게 상처투성이로 살아야 하나

요? 저는 바뀔 수 없나요? 평생 상처에 허덕이면서 살아야 하나요? 엄마 아

빠도 정말 싫고 미운데 미워하면 나쁜 딸이 되는 거잖아요. 그렇게 되기는

싫은데, 이 상처들을 어떻게 없앨 수가 있어요?

_ 미나, 중학교 2학년

크고 작은 마음의 상처는 왜 생기나

세상에 완벽한 부모도 없고 완벽한 가정도 없어요. 어린 시절 환경이 완벽하지 않은 상태에서 자라면서 누구나 크고 작은 상처를 받아요. 그런데 우리 모두는 하나의 가정에서만 자라기 때문에 다른 가정과 비교할 수가 없지요? 각자의 상처가 가장 크다고 생각하는 이유가 바로 그런 점 때문이에요.

그런데 사람에 따라서는 같은 상처를 받아도 더 깊은 아픔을 느끼기도 해요. 그리고 그 아픔이 아주 오래도록 이어져서 우울증으로 진행되는 경우도 있고요. 미나도 상처를 많이 받았군요. 얼마나 힘들었을까요? 그런데 한 가지는 참 다행이라는 생각이 들어요. 미나가 "나는 상처가 너무 많아요"라고 말할 수 있다는 사실이 다행스러워요.

왜냐하면 상처가 깊어서 병들면 상처가 있다고 말하는 걸 아주 수치스러워하고 말을 하지 않게 돼요. 또는 아프고 힘든 감정을 차단해버려서 아무 감정도 느낄 수 없게 만들기도 해요. 따라서 아프다는 걸 인지하고 아프다고 말하는 게 정말 중요해요.

상처는 치유할 수 있어요

부모님에게 욕 듣고 매 맞고 학교에서 따돌림을 당한 적도 있다니 그건 정말 깊은 상처라고 생각해요. 깊은 상처를 그대로 방치하면 계속 마음속 깊은 곳에서 독소를 피워 올려서 우울증, 불안증, 공황장애 같은 병으로 이어지기도 해요. 그래서 꼭 치유가 되어야 해요.

아무리 깊은 상처도 치유된답니다. 상처를 주었다고 생각하는 사람에게 자신의 아픈 감정을 표현하는 것만으로도 상처는 치유돼요. 부모님에게 상처받은 마음을 털어놓고 응어리진 감정을 풀어놓으면 치유가 되어요. 이제부터 꼭 이렇게 생각해봐요. '상처받았지만 나는 치유될 수 있어'라고.

마음은 나이를 먹지 않아요

과거의 시간은 계속 흘러 흘러서 현재진행형으로 흘러요. 어른들이 안 좋은 과거는 빨리 잊어버리라는 말을 흔히 하잖아요. 그런데 과거의 아픈 시간은 무의식 속으로 들어가 현재의 시간 속에 흘러 아무리 시간이 오래 지나도 계속 아프게 되어요. 그래서 빨리 잊어버리라고 하는 건 좋지 않아요. 그 말은 "계속 오래도록 상처받은 아픈 마음으로 살아라" 하는 말과 같아요.

마음은 나이를 먹지 않아요. 나이 많은 할머니 할아버지도 마음은 이팔청춘이라고 하시죠. 나이를 먹지 않는 마음은 아주 어릴 때의 상처받은 아픈 마음까지도 고스란히 가지고 살아가게 만든답니다. 그래서 꼭 치유가 되어야 해요.

상처가 치유되면 마음에 꽃이 피고 열매가 맺혀

상처받는다는 걸 부끄러워하지 말아요. 마음이 치유되고 나면 이전의 상처에서 꽃이 피고 성숙의 열매가 맺히게 돼요. 상처 없이 자란 사람보다 상처받았지만 치유된 사람이 훨씬 더 인생의 깊이를 알고 사람에 대한 통찰도 깊어지고 성숙해진다는 사실을 꼭 기억해야 해요.

그래서 나는 상처 없는 사람보다 상처가 깊었지만 치유받은 사람을 훨씬 좋아해요. 미나도 나중에 내 말을 이해하게 될 거예요. 미나도 속히 마음의 치유를 받아 이 열매를 따 먹는 사람이 되길 바라요.

스트레스에 좀 더 강해지는 습관

스트레스에 눌려 살고 싶지 않다면

세찬의 이야기

사람들은 모두 각자의 스트레스를 받고 살고 있다고 들었어요. 스트레스 안 받고 사는 사람은 없다고요. 공부하는 것도 학교 가는 것도 전부 스트레스고, 뭔가에 짓눌려서 사는 것 같아요. 제가 정신력이 약해서 그런 것일까요? 다른 애들은 저보다 공부도 못해도 웃으면서 사는데 저만 혼자 심각하게 사는 것 같아요. 매일 받는 스트레스를 어떻게 하면 안 받을 수 있을까요?

_ 세찬, 중학교 3학년

스트레스는 그림자 같아

스트레스는 그림자처럼 현대인들을 따라 다녀요. 스트레스가 다 나쁜 것은 아니라는 연구결과가 나오기도 했지만 스트레스는 우리들을 따라다니며 계속 괴롭히는 악마처럼 느껴지기도 해요. 스트레스를 받았을 때 나타나는 증상 가운데 하나가 가슴이 답답해지는 거예요. 이런 스트레스가 계속 되면 몸의 면역력도 떨어지고 몸도 여기저기 아프게 돼요. 스트레스는 우리에게 붙어 있는 그림자처럼 끈덕지게 따라붙지요.

하기 싫은 공부를 해야 하는 스트레스

학생의 경우에는 공부에 대한 스트레스가 가장 크겠죠. 하기 싫은 공부를 억지로 해야만 할 때 스트레스는 자꾸 쌓이게 되는데 생각을 고치지 않으면 끝도 없이 스트레스가 쌓이게 되지요. 학교를 나오면 각박한 사회에서 또 다른 스트레스를 쌓게 되지요.

그래서 그때그때 스트레스를 풀지 않으면 쌓이고 쌓여 폭발하게 되니까 자신에게 맞는 스트레스 해소법을 찾아서 풀어내는 게 필요해요. 하루 종일 스트레스를 받으면 마음의 평안도 찾을 수 없고 두통이나 위염 등의 신체적 증상도 생기게 되어요. 마음의 평안을 얻고 건강한 몸을 유지하기 위해서라도 스트레스를 해소하는 게 필요해요.

스트레스를 해소하기 위하여

누워서 천천히 심호흡을 해봐요. 명상이나 운동도 도움이 돼요. 운동으로 땀을 흘리면 뭔가 개운한 느낌이 들기도 해요. 또는 푸른색이나 초록색을 바라보면 마음이 편안해지기도 하고 스트레스가 해소되기도 해요.

가끔은 도심을 떠나서 숲이 있는 곳으로 가는 것도 스트레스 해소에 좋아요. 자연의 녹색은 심리적으로 편안함을 주거든요. 도시에 사는 사람들에게 공원을 가거나 숲속으로 가는 것은 참 좋은 스트레스 해소법이라고 생각해요. 어떤 연구 논문에서는 숲에서 하루를 보낼 경우 스트레스 호르몬은 46.4퍼센트 감소하고, 알파파는 45.9퍼센트까지 증가한다고 발표했어요. 이 밖에도 많은 연구 결과들이 있고요.

스트레스를 받을 때마다 숲이나 산으로 갈 수도 없기 때문에 세찬이의 방을 녹색으로 꾸며달라고 부모님께 부탁드려 보세요. 녹색의 벽지를 바르는 것도 도움이 되고 책상 위에 초록빛 작은 화분을 놔두는 것도 도움이 된답니다. 학교에서는 쉬는 시간 틈틈이 창밖의 푸른 나무를 바라보세요. 초록색을 잠깐이라도 보면 마음이 평화로워지는 기분을 느낄 수 있어요.

스트레스를 긍정의 에너지로 바꾸는 방법

지나친 스트레스는 몸에 해롭지만, 적당한 스트레스는 어려움을 극복할 수 있는 힘이 되기도 하고 삶의 활력을 불어넣는 동력이 되기도 해요. '피할 수 없으면 즐겨라'라는 말이 있잖아요? 어차피 피해갈 수도 없는 중학교 생활, 고등학교 생활, 입시라면 힘든 시간을 받아들이고, 나의 인생에서 힘들지만 뛰어넘고 가야 할 훈련의 시간이라고 생각하면 어떨까요?

다른 애들은 괜찮은 것 같지만 스트레스의 양은 대부분의 학생들이 다 비슷할 거예요. 다만 어떤 자세로 받아들이느냐의 차이일 거예요. 스트레스가 만병의 근원이라고 하지만 다른 면에서는 긍정적인 삶의 촉진제 역할을 하기도 해요. 삶에 긴장감을 주어 목표를 성취하게도 하고 동기 유발을 하기도 해요. 어느 정도의 스트레스는 분명 삶의 활력이 되어주기도 하니까요.

스트레스가 너무 심해지면 친구들과 수다를 떨거나 좋아하는 음악을 크게 틀어놓고 들어보세요. 즐거운 감정이 스트레스를 없애주기도 해요. 또는 아주 웃기는 개그 방송을 보며 큰소리로 웃어보는 것도 엔돌핀을 분비시켜서 스트레스 호르몬을 억제시킨다고 해요. 여러 가지 해결 방법들을 실행에 옮겨보고 노력하다 보면 어느 정도 스트레스를 해소하고 활력을 받게 되어 공부에도 도움이 될 수 있답니다.

스트레스가 심하다고 머리만 쥐어뜯고 있으면 스트레스는 더 심해지니까 이런 저런 방법을 시도해보고 노력해보길 바라요. 공부에 방해가 되지 않고 오히려 동기부여가 될 수 있도록 반드시 노력해보길 응원할게요.

음악치료, 동작치료

음악치료

혹시 피아노를 칠 줄 아는 친구라면 피아노를 즉흥적으로 연주하면서 마음을 표현해보세요. 아니면 북을 '둥둥둥' 치면서 노래를 부르는 것도 좋습니다. 어떤 악기를 사용해도 좋아요. 어떤 학생은 드럼을 배우기로 했는데 드럼을 열심히 치다 보면 가슴 속 응어리들이 풀린다고 했습니다. 기타를 배우거나 우쿨렐레 같은 현악기를 배워도 좋아요. 어느 정도 배우고 나면 자신이 치고 싶은 대로 연주하면서 마음의 소리를 악기를 통해 내볼 수 있습니다.

음악치료로 도움을 받은 사례

하나, 피아노를 잘 치는 E군은 아침에 일어나 즉흥적으로 자신의 곡을 연주하며 녹음을 해왔어요. 빠르고 느린 곡이었는데 E군의 마음이 들어 있는 느낌이었어요. 이렇게 녹음한 곡을 다시 들으면서 그때의 감정과 느낌에 대해 서로 대화를 나누었답니다. E군은 응어리진 마음이 많이 풀리는 느낌이라고 말했어요.

둘, 바이올린을 좋아하는 F양은 매일 정해진 시간에 바이올린을 켜면서 마음속에 올라오는 슬픔에 눈물을 흘렸어요. 치유에 많은 도움을 받았어요.

셋, G군은 스트레스를 해소하고 싶어서 드럼을 배웠대요. 드럼을 한 시간 동안 치고 나면 '속이 뻥 뚫리는 느낌을 받는다'고 말했어요.

동작치료

음악을 틀어놓고 팔과 다리를 마음대로 움직이며 동작을 표현해봅니다. 춤을 추어도 좋고 흐느적거려도 좋습니다. 몸의 표현을 통해 감정을 표출하는 방법인데 의외로 후련해하는 경우가 많아요. 운동도 되고 몸을 크게 움직이면서 억눌려진 힘든 감정을 풀어내는 방법이 잘 맞는 사람도 있습니다. 특히 외향적인 사람에게 아주 잘 맞는 치유의 방법일 수도 있습니다.

동작치료로 도움을 받은 사례

동작치료는 무용치료라고도 해요. 음악에 맞춰 몸을 흔드는 모든 동작이 치유에 도움이 돼요. 혼자 방에서 자신이 좋아하는 음악을 틀어놓고 눈을 감고 몸을 흔들어봐요.

중학생 H양은 춤추는 걸 아주 좋아해요. 아주 우울하고 무기력할 때는 좋아하는 것도 할 수 없었는데, 어느 날 집 근처 헬스클럽의 에어로빅

반을 등록했어요. 저녁에 집에 와서 일찍 저녁을 먹고 나서 조금 쉬었다가 에어로빅 교실로 가서 몸을 흔들며 땀을 흘리고 나면 기분이 좋아진대요. 앞으로 여러 가지 춤에 도전해보고 싶다고 말했는데 땀을 흘리며 몸을 쓰고 나면 감정도 풀어져 나오고 기분도 좋아진다고 말했어요.

H양처럼 어딘가 가서 춤을 추지 않더라도 혼자서 자신의 방 안에서 하루에 20분 정도만이라도 몸을 움직여보세요. 아무도 보지 않으니까 어떤 모양으로 흐느적거려도 괜찮아요. 자신의 감정을 표출한다는 생각으로 몸을 움직여봐요. 이렇게 조금만 움직여도 우울증 같은 마음의 병에서 벗어나는 데 많은 도움이 된답니다.

십 대로 사는 거 진짜 힘들거든요?

초판 1쇄 발행 2016년 9월 12일
초판 5쇄 발행 2024년 05월 10일

지은이 강선영
펴낸이 이지은
펴낸곳 팜파스
기획편집 김소현
디자인 지선 디자인연구소
마케팅 김민경, 김서희

출판등록 2002년 12월 30일 제10-2536호
주소 서울시 마포구 어울마당로5길 18 팜파스빌딩 2층
대표전화 02-335-3681
팩스 02-335-3743
홈페이지 www.pampasbook.com | blog.naver.com/pampasbook
이메일 pampas@pampasbook.com

값 12,000원
ISBN 979-11-7026-111-7 (43180)

이 도서의 국립중앙도서관 출판예정도서목록(CIP)은 서지정보유통지원시스템 홈페이지
(http://seoji.nl.go.kr)와 국가자료공동목록시스템(http://www.nl.go.kr/kolisnet)에서 이용
하실 수 있습니다. (CIP제어번호 : CIP2016019942)